学問

—過去から未来へ—

東北大学大学院文学研究科
講演・出版企画委員会　編

Scholarship：
Opening up future possibilities
Lecture Series in Humanities and Social Sciences XIV
Lecture and Publication Planning Committee
in Graduate School of Arts and Letters at Tohoku University
Tohoku University Press, Sendai
ISBN978-4-86163-401-7

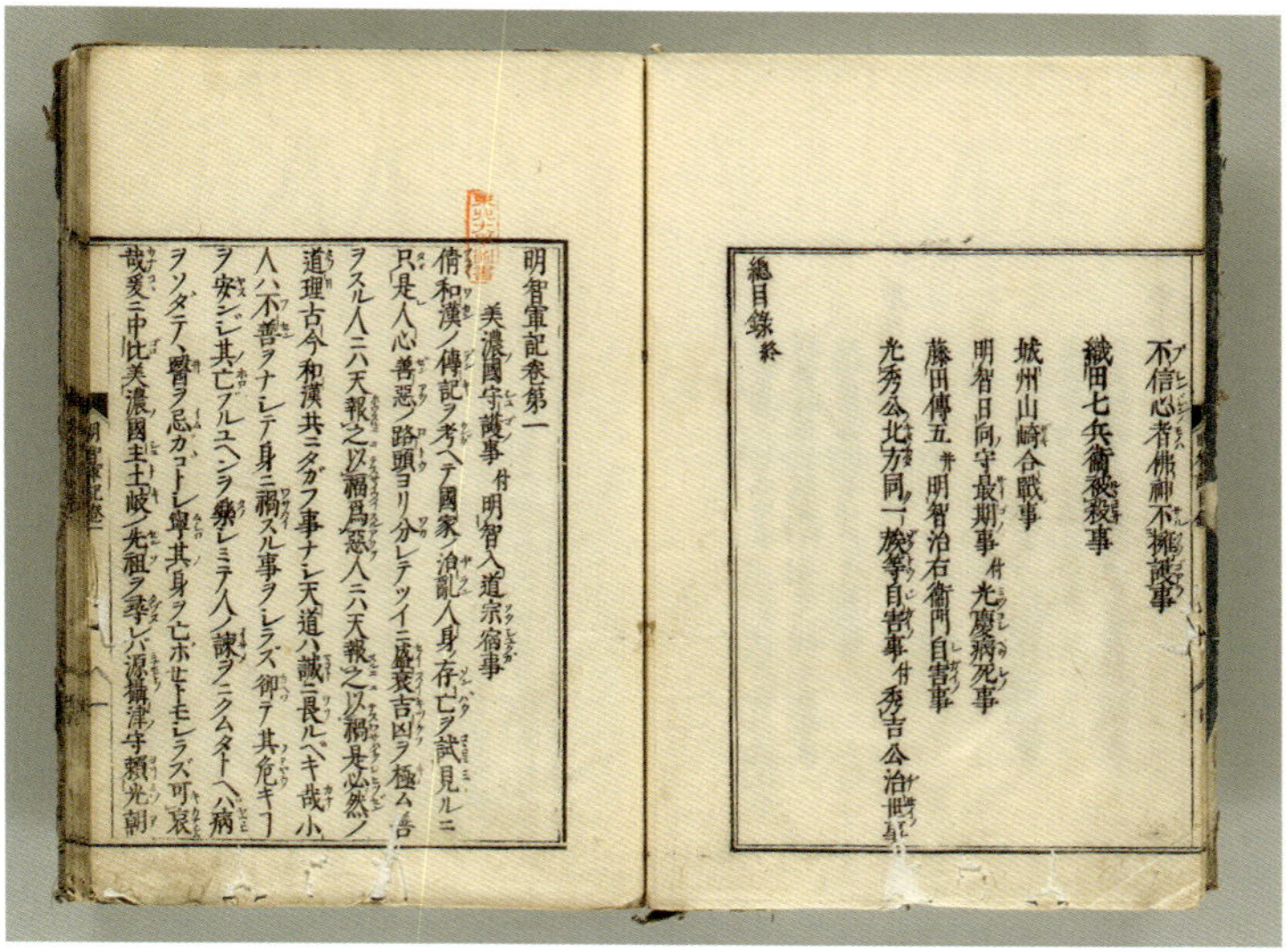

口絵1 『明智軍記』

元禄15年（1702）版本（東北大学附属図書館蔵本）。全10巻（巻第3、巻第8がそれぞれ上、下に分かれ、全12冊の体裁ですが、東北大学附属図書館蔵本は、巻第6の途中でも分冊されていて、全13冊です）。楮紙。寸法　縦27.4cm、横19.0cm。画像は、その第1冊の、目録の記述の結尾と本文のはじめ。

口絵2　「藤少々波樹」（29丁表）の「板本」（左）と「筆写本」（右）

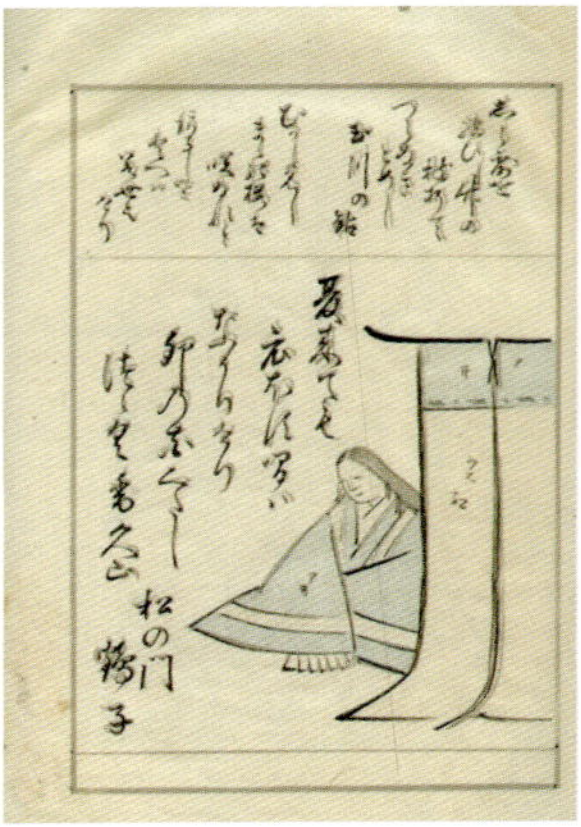
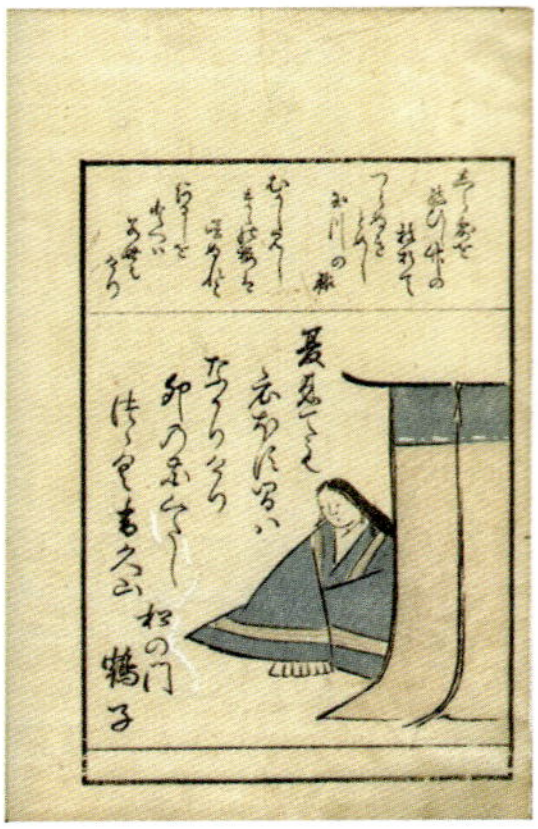

口絵3　松の門鶴子（1丁裏）

口絵４　福島県金山町石上道祖神

目次

東北大学大学院文学研究科
講演・出版企画委員会

小松丈晃（代表）
茂木謙之介
西村直子
荒井崇史

企画協力

高橋章則

はじめに

この『人文社会科学講演シリーズ』は、東北大学大学院文学研究科の教員の研究成果を、一般の人々に広く知っていただくために、二〇〇六年以降刊行され続けており、本巻で第一四巻目となります。今回は、二〇二一年度に（宮城県大崎市岩出山で）開催された第二〇期「有備館講座」と（宮城県伊具郡丸森町で行われた）第十四期「齋理蔵の講座」の講演を、もとにしています。

本巻には、「学問―過去から未来へ―」という題がついています。学問あるいは科学はつねに、従来の価値観や通説、常識といったもの、いわば過去に疑問を投げかけ、それらを問い直し、新しい価値や学説を提起していく営みであったし、これからもそうでしょう。過去から、より可能性に満ちた自由な未来を切り開いていくところに、学問の意味があり、過去から未来へ、という副題にはこのような意味が込められています。生活上の必要や社会にとっての必要性にこたえるということも大事ですが、むしろ、そうした必要性に縛られた圏域からあえて少し距離をとり、異なった視点から、人類の長い歴史を振り返ったり他地域との比較をしたり想像力をはたらかせたりしながら、ときには批判的に物事を捉え、新しい選択肢を展望していくところに、学問の醍醐味があるといえます。それぞれの章は、日本文学、文芸社会史、倫理学、そして考古学という異なる学問分野に基づいた論考ですが、「学問」へのこうした視点は共有されているといえるでしょう。

人文社会科学の学問世界の奥深さに直接触れていただく前に、まずは、それぞれの章の内容を簡単に説明しておきたいと思います。

第一章の「『明智軍記』に世界の見方を学ぶ」では、従来の評価や既存の見方にとらわれずに文学作品を注意深く読み込み、そうした評価や見方を根本から見直すことによって、その作品の、まだ十分に見いだされていない魅力や文化的な意義を新たに見いだし、未来に伝えていくことの必要性について論じられています。明智光秀の一代記である、江戸時代前期に刊行された『明智軍記』は、史実からかけ離れた有害無益の書物とみなされてきましたが、しかし、あえて史実から離れ、知を愛し旅を好み自在に生きる光秀の姿を描き出すことをとおして、それに触れた読者が、世界を知ることの喜びと重要性に心を開くことを目指した作品であることを、本作品十巻の内容を丁寧に読み解くことをとおして、明らかにしています。本章ではこのように、過去の解釈や見方にとらわれずに文学作品に示されているものの見方や世界の見方を学ぶことをとおして、未来に向かって開かれる可能性が探求されています。

第二章の「スキャナー鑑定団―架蔵「筆写本」は『狂歌文茂智登理』の広重自筆「稿本」だった―」は、これまでの研究状況をふまえると異例とも言える（しかし、誰にでも実践できる簡便な）検証方法、つまりフラットベッドスキャナーやフリーの画像・ファイル比較ソフトウェアや画像回転ソフトウェアを用いた研究方法で、『狂歌文茂智登理』の「板本」の変化をたどり、架蔵の「筆写本」が、広重の自筆稿本であることを、筋道立てて検証しています。具体的な題材にそくして分かりやすく「板本」研究の過程をひもとくことをとおして、「板本」研究のみならず多様な史資料の検討にも転用できる汎用性のある学問の方法の未来が、展望されています。本章では、このように、誰もが活用可能な手軽な機器（とソフト）をとおして共同利用や共同資源化に耐える画像資料を蓄積していくことで、新しい「板本」研究の可能性が考察されており、こうした本章の視点からすれば、学問の営みは、従来の見方を問い直していくことですが、そのためには、研究方法もたえず検証し直され、新しい、しかも、誰もが活用可能で、できれば学際的な研究にも資するような方法の探索が必要だということになるでしょう。

第三章の「言葉のサイズ」では、フランスの哲学者ベルクソンや鎌倉仏教の禅思想、平安仏教の密教思想、またブラジル先住民族の生活様式を取り上げ、言葉における時間的要素や身体的要素が、その言葉が話される土地の風土や共同体の時間のあり方、身体感覚を反映しているという点を手がかりに、言葉と世界との関係、言葉と実在との関係を探っています。たとえば東日本大震災における津波の災禍は、「海が牙をむく」と語られる場合と、「自然が伸びをした」と語られる場合があり、それぞれ、その語り手自身の「自然」（海）についての異なった「暗黙の了解」を「語っている」ように、人によって「語られる」言葉は、その人の身体感覚（身体のサイズ）やその人の生きる「世界のサイズ」も含めて、当人の「何たるか」をすでに「語って」います。してみると、学問の世界にあっても、「言葉」とは、学問の対象となる世界「について」語るための単なるメディア（媒介物）や手段というより、その言葉を使って「学問する」人の「世界との関わり方」や「身体感覚」を、文字通り「語っている」ものなのかもしれません。それらを「萎縮」させないためにも、「言葉の筋力」の鍛え直しが、場合によっては必要になるでしょう。

そして、最後の第四章「考古学の今と未来」では、考古学の調査方法や分析手法のこれまでと最新動向に触れながら、たとえば東日本大震災以後、過去の災害の歴史を明らかにしてきた考古学が、今後起こりうる災害に関する情報を間接的に提供してきたように、考古学は、過去を対象にする学問ではありますが、未来を俯瞰する思考法をも、社会に対して提供しうるのだ、と、縄文時代に焦点を当てつつ論じられています。現在、縄文時代といえば、その食生活や技術が注目されていますが、本章では、岩偶や土偶、石棒・石棒祭祀、縄文土器などを手がかりに、縄文時代の「思想」や「思考法」が、詳らかにされています。そうした考察を経たうえで、学問（考古学）とは、こうした歴史と文化の深淵に思いをはせる「想像力」を培うことであり、そうした「想像力」に基づいて世界の未来像を描いていくことこそが、持続可能な社会を作り上げ、SDGsを推し進める可能性を作り出す源泉である、と主張されます。

読者の皆さん自身が、これらの学問の営みに接しつつ、今日の激動の世界の中で、学問することの楽しさや喜びを感じてもらえれば幸いです。

小松　丈晃

『明智軍記』に世界の見方を学ぶ

佐倉由泰

1 『明智軍記』に世界の見方を学ぶ

佐倉由泰

はじめに

江戸時代前期の元禄一五（一七〇二）年八月、大坂（大阪）の伊丹屋茂兵衛《いたみやもへえ》、毛利田庄太郎《もりたしょうたろう》を版元《はんもと》として、『明智軍記《あけちぐんき》』という名の、漢字片仮名交じりの表記の本が刊行されました。作者はわかっていませんが、十巻（全十二冊の形態）から成る堂々たる長編で、明智光秀の一代記の体裁を具えています[1]。文学上のジャンルは「軍記物語」と考えてよいと思います。

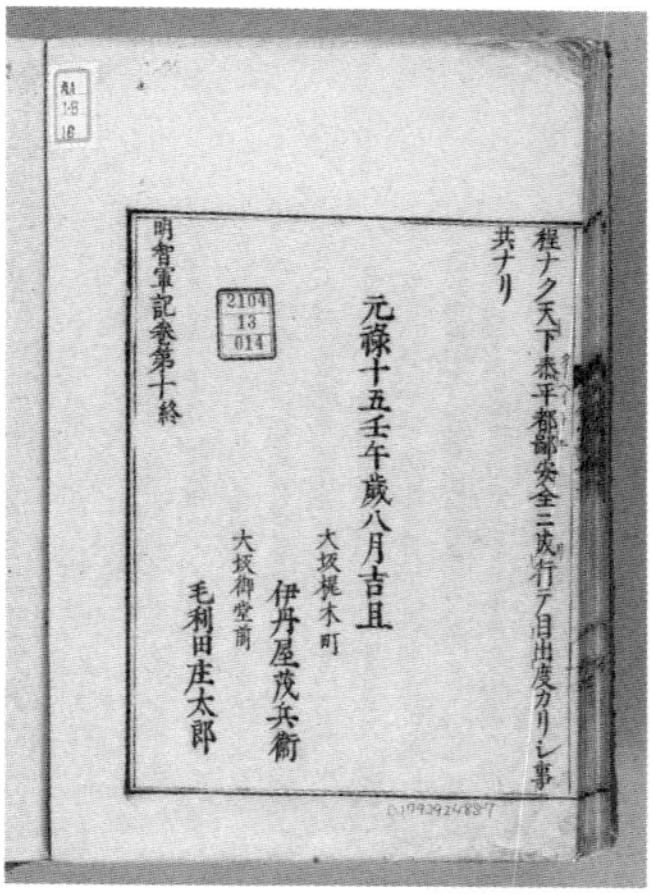
程ナク天下泰平都鄙安全ニ成行テ目出度カリシ事共ナリ
元禄十五壬午歳八月吉旦
大坂梶木町 伊丹屋茂兵衛
大坂御堂前 毛利田庄太郎
明智軍記巻第十終

図1 『明智軍記』巻第10の結尾の記述と刊記（東北大学附属図書館蔵本。他の『明智軍記』の本文の画像も同本による）

日本文学史で「軍記物語」と言えば、『平家物語』をはじめ、『将門記』、『陸奥話記』、『後三年記』、『保元物語』、『平治物語』、『承久記』、『太平記』、『曽我物語』、『義経記』がよく知られていますが、私は、このような軍記物語を主な研究対象として、それぞれの記述の特質と意義を考えてきました。同時に、そうした研究の中で、従来あまり注目されてこなかった作品のかけがえのない魅力にも出会いました。応永七（一四〇〇）年に信濃国（現在の長野県）の守護、小笠原《おがさわら》長秀《ながひで》と「国一揆《くにいっき》」の人々との間で起こった戦い、信州大塔《おおとう》合戦の経緯を記した『大塔物語』も、そうした知られざる名作です。日本式の漢文（真名《まな》）で書かれた作者未詳のこの軍記物語については、本シリーズの第11巻『未来への遺産』（東北大学出版会、二〇二〇年三月）掲載の「『大塔物語』と室町時代の知」と題する考察等で、室町時代の豊かな知の結晶としてのその意義と魅力を述べました。そして、今回取り上げる『明智軍記』も、『大塔物語』と同じく、著名ではないものの、日本の文学史、文化史を考える上での重要な意義と魅力を具えています。

人類の過去の営為には、現在まで残り、未来の文化を新たに開く可能性を具えていても、その意義ある可能性を見出されていないものがまだ無数にあります。文学作品に関しても例外ではありません。こうした過去の文学作品のそれぞれの意義や魅力を新たに見出すためには、読む側が従来の評価や自身の既存の見方に囚《とら》われずに、各作品の表現を丁寧に注意深く読み込み、その表現の固有の性質を柔軟に理解し、時には、従来の見方を根本から見直す必要もあります。作品の表現の意義と魅力は、その表現自体が提示する、ものの見方、世界の見方を学ぶことによって発見できます。本章では、『明智軍記』を、その表現に寄り添って読み解き、そこに提示されている、ものの見方、世界の見方を学ぶことを通して、この三百年以上前に生まれた作品の、未来に向かって開かれている可能性を考えたいと思います。なお、その際に用いる『明智軍記』のテキストは、先述の元禄一五年の版本《はんぽん》をもとにして校訂した、二木謙一《ふたきけんいち》校注『明智軍記』（新人物往来社、一九九五年二月〈二〇一九年一二月にKADOKAWAより再刊〉）に拠ります（引用に際しては、片仮名を平仮名にするなど適宜表記を変えます）。この本が刊行されるまでは、『明智軍記』の本文に接するには江戸時代の版本かその写本を読むしかありませんでした。

一・従来の『明智軍記』の理解と評価をめぐって

このように、読むのも難しいほど『明智軍記』が知られていなかった中で、この作品の中心人物、明智光秀は、天正一〇（一五八二）年六月の本能寺の変によって歴史を変えたことでよく知られ、近代に入り、光秀の伝記が書かれるようになると、その著作の場で『明智軍記』が重視されました。明治三〇（一八九七）年五月に刊行された、裳華房《しょうかぼう》の伝記シリーズ「偉人史叢《いじんしそう》」の、小泉三申《こいずみさんしん》（策太郎《さくたろう》）著作の『明智光秀』は、光秀を讃えた史伝として知られていますが（二〇二〇年に岩波文庫から再刊されています）、その著述における光秀の生涯の理解の多くを『明智軍記』の記述に依拠しています。『明智軍記』の、光秀の一代記としてのまとまりのよさが好まれたものと考えられます。

しかし、小泉氏の著述で重んじられた『明智軍記』も、戦後の歴史学からは、史実とはかけ離れた誤解を世に広める有害無益の書と目されます。戦後の歴史学による最初の本格的な明智光秀の伝記である、吉川弘文館の人物叢書の『明智光秀』（一九五八年九月）を著した歴史学者、高柳光寿《たかやなぎみつとし》氏はその開巻早々の「はしがき」で次のように述べています（引用は同書の新装版に拠ります）。

『明智軍記』は一見光秀の伝記という体裁をそなえている。すなわち同書は光秀の出身からその敗死までをひと通り記している。そしてその間に丹波経略などにまで及んでいる。だから光秀の伝記として作ったものには相違ない。けれどもそれは何といっても興味本位の作品とはいえないまでも、いわゆる物語の類であることにも相違ないのであって、その内容は事実から遠く離れた誤謬《ごびゅう》充満《じゅうまん》の俗書である。そしてこの書を光秀の伝記と受取る人があったとすれば、それは伝記というものがどんなものであるかを全く知らない人といわなければならない。（はしがき　一〜二頁）

高柳氏は、本書の他の箇所でも、「この『明智軍記』は誤謬充満の悪書であるから、以下光秀の経歴を述べるところでは引用しないことを断っておく」（一八頁）と明言しています。こうした高柳氏の言葉は、信頼できる史料の記述にもとづいて明智光秀の事績を提示しようとする意思によるもので、こうした意思を持つのは歴史学者として至極妥当です。高柳氏の伝記『明智光秀』は、『明智軍記』の記述を排し、信頼できる史料に拠ることを通して、光秀の事績に未詳のことがいかに多いのかを教えてくれます。信頼できる史料に拠る限り、光秀については、父母が誰か、いつどこで生まれたのかをはじめ、足利義昭、織田信長が入京する永禄一一(一五六八)年よりも前の事績がほとんどわかっていません。わからないことを率直にわからないと認めるのも、歴史学では必要な姿勢です。その姿勢に即すると、『明智軍記』は「誤謬充満」の「俗書」であり「悪書」です。『明智軍記』は、作品冒頭で、光秀を、美濃国《みののくに》(岐阜県)の守護、土岐《とき》氏の一族で、同国の明智《あけち》の地を代々治める領主の嫡男であったと述べ、美濃の国内の争乱によって越前《えちぜん》(福井県)に逃れ、朝倉義景に重用された後に、尾張(愛知県)の織田信長に迎えられたと語っていますが、それは時代小説、時代劇が好むストーリーではあっても、史実と見るのは大いにためらわれます。事実にどれだけ近いのか、また、どれだけ離れているのか、その見当もつきません。

高柳氏は、信用に足る史料の記述を用いて、そこから理解できる範囲で穏当に冷静に明智光秀の実像を捉えようとしました。同時に、その穏当で冷静な姿勢を見せる中で、『明智軍記』を「誤謬充満」の「俗書」、「悪書」と、激しい言葉で否定しているところには、この軍記物語のストーリーの巧みさに対する強い警戒感もうかがわれます。源義経や弁慶の伝説等に顕著ですが、人物の事績がわかっていないこと、謎に満ちていることは膨大な物語を生み出す起点になります。室町時代に『義経記』という作品が、既にあった多様な義経伝説を取捨選択して編集し、義経の一代記に仕立て上げたように、『明智軍記』が描く光秀の事績も、既存の多くの伝説をふまえたもので、この作品の著者の作為、捏造《ねつぞう》だけではないはずです。それだけに、多様で豊穣《ほうじょう》な光秀の伝説を創意を加えてもっともらしく整合し、明智光秀の一代記として紡《つむ》ぎ上げた『明智軍記』の記述には警戒する必要があります。この作品のストーリーに史実を学ぶまいとする意思を堅持する姿勢は欠かせません。

しかしながら、その一方で、『明智軍記』は、江戸時代の元禄期（一六八八―一七〇四）頃の日本の表現知や世界の見方を学ぶのには格好の書です。『明智軍記』は、歴史学の評価と軌《き》を一《いつ》にするように、文学作品としての意義を認められず看過されてきましたが、その姿勢は改めてよいと思います。そもそもこの作品を「伝記」ではないと理解し、その記述に明智光秀をめぐる史実を学ぼうとしなければ、「誤謬充満」の「俗書」、「悪書」と言い立てる必要などありません。それでは、『明智軍記』とは何なのでしょうか。この作品に何を学べるのでしょうか。それをこれから考えて行きます(2)。

二．『明智軍記』の明智十兵衛の異能と天下巡歴の旅

『明智軍記』は、明智十兵衛光秀を異能の才人として讃えています。主君織田信長に反逆した人物と非難することはありません。主従関係の倫理、名分《めいぶん》に厳しいはずの江戸時代に、主を討った人物を讃える書物が出版されたことは意外に思われます。『明智軍記』を読んでまず驚かされたのがこのことです。

『明智軍記』は、開巻早々の巻第一から光秀の異能を語ります。まず、「越前より加州の一揆を鎮むる事」の段では、永禄五（一五六二）年九月に、越前の隣国、加賀（石川県）の、本願寺の門徒で本寺の意向に従わない一揆の人々が朝倉氏に敵対したため、朝倉軍が加賀南部に進攻した際に、光秀

が異能を発揮して、朝倉方を勝利に導いています。この永禄五年秋の戦闘自体、信頼できる史料でその事実を確認できず、創作かと思われます(3)が、作中の光秀は、朝倉一門の青蓮華《しょうれんげ》近江守景基《おうみのかみかげもと》に属して参戦する中で、敵陣に「軍気《ぐんき》」が立ち昇って南へたなびくのを見て、一揆勢が攻撃を図っていると察知し、余人の気づかぬこの異変を青蓮華に伝えます。すると、青蓮華は、光秀とともに「高岳」に登ってそれを見分し、朝倉勢の全軍に防御を固めるよう知らせます。そして、予見したとおり一揆勢が来襲すると、光秀は五十余人の「究畢《くつきやう》の鉄砲の上手」とともに櫓《やぐら》の上から一斉に射撃を行い、敵の進撃を止めます。その後、全体の戦況から攻勢の機を看取すると、青蓮華に総攻撃を促し、勝利を決し、さらに、深追いを危ぶむや撤兵を勧め、事なきを得たといいます。『明智軍記』は、この戦勝もあって、朝倉氏の勢威が、本拠の越前を中心に、加賀、能登（石川県）、越中（富山県）、若狭《わかさ》（福井県）、近江（滋賀県）西部・北部にまで及んだと述べています。こうした誇大な表現によって、『明智軍記』は、光秀の異能による朝倉軍の架空の大勝を印象深く語っています。光秀は、余人には見えない「気」を看取する、兵学に言う望気《ぼうき》の術《じゅつ》を身につけ、世に先駆けて鉄砲の知識、技量に習熟し、鉄砲隊までも組織し、総軍の進退の機を逃さず捉える用兵の力量も具えた異能の人として描き出されています。そして、『明智軍記』は、この後も、こうした光秀の驚くべき才知とそれにもとづく事績を次々と表現して行きます。

　続く章段「明智光秀鉄炮誉《ほまれ》の事　付けたり　諸国勘合の事」（巻第一）では、翌永禄六（一五六三）年の夏のこととして、朝倉義景が光秀を招いて、前年の加賀の一揆勢との戦いにおける功を讃えつつ、

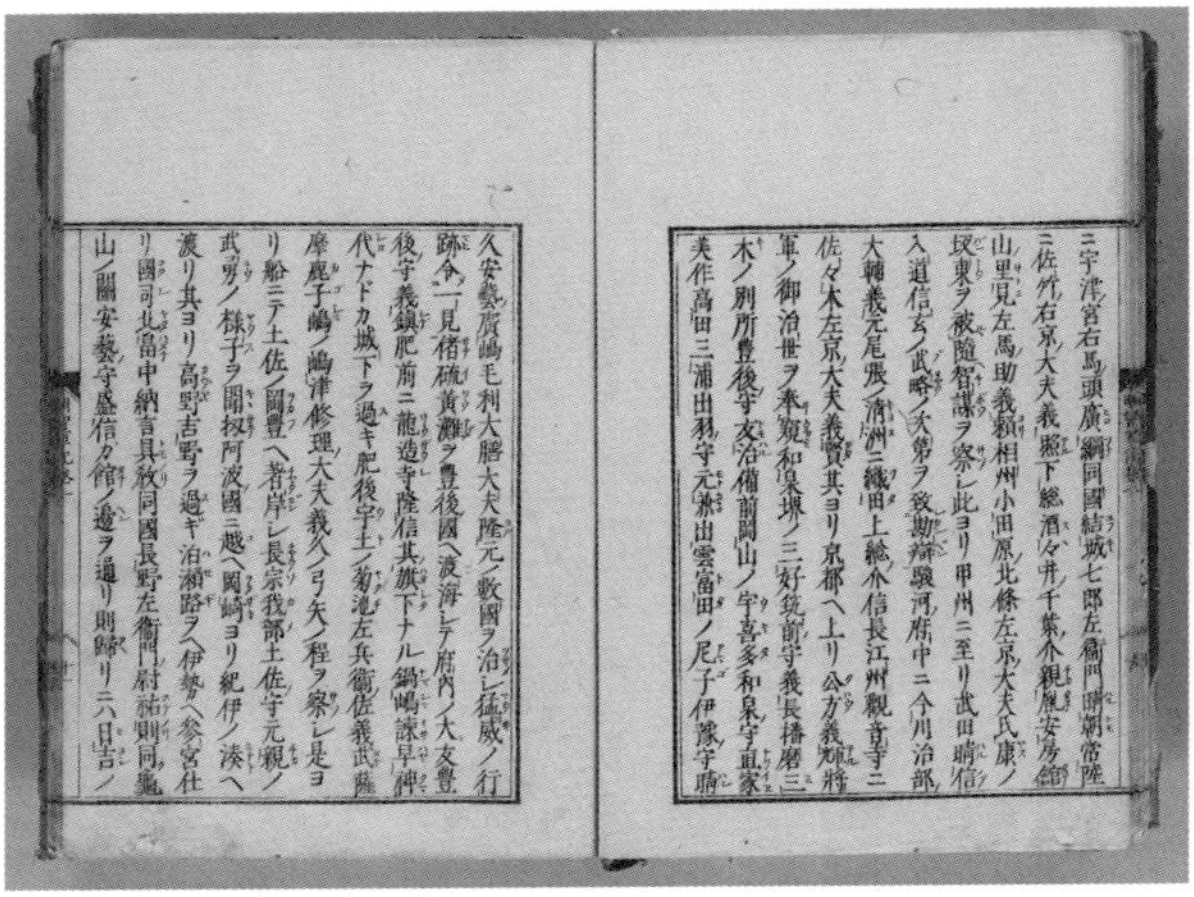
二宇津宮右馬頭廣綱同國結城七郎左衛門尉朝常陸
二佐竹右京大夫義照下総酒々井ノ千葉介親胤安房舘
山里見左馬助義頼相州小田原北條左京大夫氏康ノ
坂東ヲ被随智謀ヲ察シ此ヨリ甲州ニ至リ武田晴信
入道信玄ノ武略ノ大第ヲ致勘辨駿河府中ニ今川治部
大輔義元尾張ノ清州ニ織田上総介信長江州観音寺ニ
佐々木左京大夫義賢其ヨリ京都ヘ上リ公方義輝将
軍ノ御治世ヲ奉窺和泉堺ノ三好筑前守義長播磨三
木ノ別所豊後守文治備前岡山ノ宇喜多和泉守直家
美作高田三浦出羽守元兼出雲富田ノ尼子伊豫守晴

久安藝廣嶋毛利大膳大夫隆元ノ数國ヲ治レ猛威ノ行
跡令一見備後硫黄灘ヲ豊後國ヘ渡海シテ府内ノ大友豊
後守義鎮肥前ニ龍造寺隆信其旗下ナル鍋嶋諫早神
代ナドカ城下ヲ過キ肥後宇土ノ菊池左兵衛佐義武薩
摩鹿子嶋ノ嶋津修理大夫義久ノ弓矢ノ程ヲ察レ是ヨ
リ船ニテ土佐ノ國豊ヘ着岸シ長宗我部土佐守元親ノ
武勇ノ様子ヲ聞叔阿波國ニ越ヘ岡崎ヨリ紀伊ノ湊ヘ
渡リ其ヨリ高野吉野ヲ過ギ泊瀬路ヲヘ伊勢ヘ参宮仕
リ國司北畠中納言具教同國長野左衛門尉稙則同亀
山ノ關安藝守盛信ノ館ノ邉ヲ通リ則歸リニ六日吉ノ

図2　『明智軍記』巻第1の、光秀の「軍鑑鍛錬」の旅の記述

鉄砲の技を目の前で披露するよう望みます。光秀は、この求めに応じて、「諸役奉行」印牧《かねまき》弥六左衛門と相談して、一乗谷の安養寺近くの馬場を射撃の場と定め、四月一九日に、義景をはじめ多くの人が見守る中、ひとり二五間《けん》（一間を六尺〈一尺は約三〇・三センチ〉とすると、約四五メートル）離れた一尺四方の的に向かって鉄砲の技を示します。百発を放ち、六十八発が的の中央の黒星《こくせい》を撃ち抜き、残る三十二発も黒星を外すものの的に命中させて見物人を驚嘆させます。さらに、この才芸に感心した義景は、家臣の子百人を「寄子《よりこ》」として光秀に託し、鉄砲の技を指南させたといいます。

また、この章段では、朝倉義景の求めに応えて、光秀が「軍鑑鍛錬《ぐんかんたんれん》」（兵法、戦術の修練）のために天下を巡覧して得た知見を義景の寵臣、鳥居兵庫助《とりいひょうごのすけ》に示してもいます。その旅は、光秀が美濃を逃れて越前に着いた翌年の弘治三（一五五七）年の春から永禄五（一五六二）年までの五年以上に及ぶもので、長崎（福井県坂井市丸岡町長崎）の称念寺の僧に妻子を預け、単身日本各地を巡り、越後（新潟県）の上杉謙信、陸奥《むつ》（青森県・岩手県・宮城県・福島県）の葦名盛高（盛隆）、伊達輝宗、南部高信、下野《しもつけ》（栃木県）の宇津宮（宇都宮）広綱、結城晴朝《ゆうきはるとも》、常陸《ひたち》（茨城県）の佐竹義照（義昭）、下総《しもうさ》（千葉県・茨城県・埼玉県・東京都の各一部）の千葉介親胤《ちばのすけちかたね》、安《あ》房《わ》（千葉県）の里見義頼、相模（神奈川県）の北条氏康、甲斐《かい》（山梨県）の武田信玄、駿河《するが》（静岡県）の今川義元、尾張（愛知県）の織田信長、近江の佐々木（六角）義賢《よしかた》、京都の「公方《くぼう》」足利義輝、和泉《いずみ》（大阪府）の三好義長、播磨《はりま》（兵庫県）の別所友治、備前（岡山県）の宇喜多直家《うきたなおいえ》、美作《みまさか》（岡山県）の三浦元兼、出雲《いずも》（島根県）の尼子《あまご》晴久、安芸《あき》（広島県）の毛利隆元、豊後《ぶんご》（大分県）の大友義鎮《おおともよししげ》、肥前（佐賀県・長崎県）の竜造寺《りゅうぞうじ》隆信、肥後（熊本県）の菊池義武、薩摩《さつま》（鹿児島県）の嶋津（島津）義久、土佐（高知県）の長宗我部元親《ちょうそかべもとちか》、伊勢（三重県）の北畠具教《きたばたけとものり》、長野祐則《すけのり》、関盛信《せきもりのぶ》という二十九人もの将軍、諸大名について、「家々の法式」や、「武勇、智謀の兵術の次第」、主な家臣（「老臣」、「武頭《ものがしら》」、「武功の兵士」等）各数十名の名を知って「微細《みさい》の日記」を書き留めたといいます。この旅は、後に巻第一「北海舟路の事 付けたり 根挙《ねあ》がり松の事」の段で、「五十余箇国」の「行脚《あんぎゃ》」とも称しているように、何とも壮大なひとり旅ですが、この旅を終えて越前に戻った年の永禄五年の九月に、先述の加賀の一揆勢との戦いが起こり、そこで光秀が驚くべき異能を示したことになります。そのことからも、この壮大なひとり旅が光秀の異能を育てたというのが、『明智軍記』の言わんとするところであることは明白です。苦節の中でも、天下に学び、天下を知りたいという一念で、あえて妻子とも離れ、五年以上の歳月をかけて諸国を巡歴したことが、光秀を、望気の術、鉄砲の技、用兵の妙等に秀でた異能の人にしたことになります。

『明智軍記』が提示する、旅で得られる経験と知見が人を成長させるという考え方は、現代では受け入れられやすいものですが、光秀が生きた一六世紀の戦国時代には稀な見方であったと思われます。大坂の陣が終わった慶長二〇（一六一五）年からも数十年がたち、『明智軍記』が書かれた元禄時代（一六八八―一七〇四）に近づく中で、大きく広がった考えではないでしょうか(4)。そもそも、日本各地で戦闘が頻発していた時期に、五年以上もの歳月をかけて自身の知見を広げるためだけの旅をすることなど、危険を顧みない無謀なものと捉えられたはずです。江戸時代よりも前は、生まれ育った地を離れることは、徴兵、労働等の強制や、敗北、逃亡によって余儀なくされた不幸で、甚大な危険と辛苦を伴うものと受けとめるのが一般であったかと思います。

ただ、そうした難事を、進んで望み、こともなげに成し遂げたとしているところに、『明智軍記』が創出した明智十兵衛光秀という人物の重要な特徴があります。そこには、天下を飄然《ひょうぜん》と巡り、主従関係に束縛されず、主君がいてもその客分、客将として遇されるような自由さがあります。この「軍鑑鍛錬」の旅の貴重な知見を記録した「微細《みさい》の日記」も、義景からの「莫大の御厚恩」に報いるために、光秀から鳥居兵庫助を介して義景に献呈され、義景が「大悦《たいえつ》」（大喜び）して受け取ったとされているものの、その後しばらくして光秀に返されたといいます。そこには、義景の光秀への遠慮がうかがわれ、光秀が義景の臣下になり切らず、客人として厚遇されている様子を看て取ることができます。先述の、義景が家臣の子百人を光秀に預け、鉄砲の技の指南を受けさせたという話にも、同様の待遇が見られます。さらに、こうした関係は、織田信長との間にも認められます。

三. 知を愛し、披瀝する『明智軍記』の明智十兵衛

『明智軍記』の明智十兵衛光秀は、この後もさまざまな場面で天下巡歴の旅の成果を披瀝《ひれき》します。「明智光秀鉄炮誉の事 付けたり 諸国勘合の事」に続く章段、「朝倉義景、永平寺参詣の事 付けたり 城地の事」(巻第二)でも、朝倉義景が亡父孝景の十七回忌のために、永禄七(一五六四)年三月二二日に永平寺を訪れたという出来事が虚構される中で[5]、名刹、永平寺の来歴が語られるとともに、参詣に随行した光秀が天下巡覧の旅で得た知見を義景に披露する場面が設けられています。

この永平寺参詣の一乗谷への帰路のこと、鉄砲が使われるようになった現況でいかなる築城が望ましいかを義景に問われた光秀は、中国の黄石公《こうせきこう》が著したとされる兵書『三略《さんりゃく》』の「上略」の「治メレ国ヲ安ンズルハレ家ヲ、得レバレ人ヲ也(国を治め、家を安んずるは人を得ればなり)」との言と、「人は城 人は石垣 人は堀 情《なさけ》は味方 怨《あた》は大敵」という「古人」の「軍法の狂歌」[6]を引いて、城よりも人の和を尊ぶべきことを述べながら、実見に照らして、越前では、平城《ひらじろ》ならば北庄《きたのしょう》が、山城ならば長泉寺が築くのによいと述べ、加賀では小松寺の辺りを、上方では大坂の本願寺の寺内を築城の適地として挙げています。

この答えに対し、義景が「光秀は寺跡《じせき》計《ばか》り心に入れたる者也」と戯れて「一笑」する中、「既に暮れ

なんとする春の気色《けしき》、梢に残る遅桜《おそざくら》、折知り顔に藤波の松に懸かりて、色深く山吹のきよげに咲き乱れたるなど、取々《とりどり》興ぜさせ給ひて、一乗の谷へぞ帰城成りにける」という深い情趣を湛《たた》えた表現をもって、この場面は閉じられます。光秀の抜群の才知を格調高く印象づける章段の終幕の表現です。

光秀の才知は、続く章段の「北海舟路の事 付けたり 根挙がり松の事」でも、風雅でのびやかな雰囲気の中で存分に披瀝されます。永禄八（一五六五）年五月のこと、光秀は、小瘡《しょうそう》（皮膚の小さなできもの）を患《わずら》い、暇《いとま》を願い出て、隣国の加賀の山代《やましろ》温泉への湯治《とうじ》に出立します。湯治とは言っても、長崎の称念寺の園阿《えんあ》上人も同道する中、光秀は、越前の三国《みくに》の湊《みなと》を眺望して漢詩を作り、その夜の宿の祝部《はふり》治部大輔の邸では園阿たちと「連歌興業」を行う等、主従関係に規制されない自由な遊興の旅でもありました。

また、光秀は、祝部治部大輔の邸での連歌に興ずる中で、「蝦夷人《えぞひと》」との干物《かんぶつ》の商売もする刀祢《とね》という三国の浦の船人と出会うと、三国の湊から日本全国につながる航路と各地の代表的な湊を尋ねます。この問いに対し、刀祢は、懐中から取り出した「日記」を見ながら、越前の大丹生《おおにう》、吉崎《よしざき》、加賀の安宅《あたか》、本吉《もとよし》、宮腰《みやのこし》、若狭の高浜の八穴浦《やなのうら》等よりも船の出入りの多い、大きな湊を、それぞれの湊の間の距離を述べつつ、次々と挙げます。越前から北東には、能登の福浦《ふくら》、和嶋《わじま》（輪島）、珠洲《すず》崎の塩津、佐渡の小木《おぎ》、鷲崎《わしさき》、越後の新潟、出羽の青嶋、止嶋《とどしま》、酒田、秋田、陸奥の霧山の渡鹿《とが》、野《の》代《しろ》、津軽の深浦《ふかうら》、鯵个沢《あいかさわ》、十三《とさ》、小泊《こどまり》、その北の松前、小泊の東の、外浜《そとのはま》、今別《いまべち》、小湊、南部の川内、田名部《たなぶ》、佐井、大畑、志加留《しかる》を挙げ、越前から西には、対馬の夷崎《えびすさき》、肥前の長崎、長門の下関《しものせき》や、越前の敦賀《つるが》の津、若狭の小浜《おばま》、丹後の井祢《いね》、経箇御崎《きょうがみさき》、但馬《たじま》の丹生《にう》の芝山《しばやま》、諸礒《もろいそ》、出雲の三尾関《みおのせき》、可賀《かか》、宇竜《うりゅう》の於御崎《おみさき》、石見の湯津《ゆのつ》、絵津《えつ》、長門の仙崎、蚊宵《かよい》の名を示しています。この湊をめぐる豊かな知は、光秀が生きた時代よりも、北前船《きたまえぶね》による海運の盛況にもとづく江戸時代の実情の反映と考えられますが、光秀の周囲に、世界の豊かさを表象する知が新たに次々と湧き上がる物語のしくみは注目されます。

その後、光秀らは、刀祢の話を聞くうちに夜明けを迎えると、そのまま潮越《しおこし》の根挙がり松を見物します。この松を讃える場面には、「日本、小国なりと雖《いへど》も七十州に及べり。光秀も五十余箇国嘯《うそぶ》き行脚《あんぎゃ》して、名木余多《めいぼくあまた》見しかども、此の木に似たる色なし」という記述が現れて、先述の天下巡歴の旅のことに言及されますが、その旅が「五十余箇国嘯き行脚して」と、飄然たる遊楽のように語られていることも注目されます。この後、光秀が、素戔烏尊《すさのおのみこと》を祀《まつ》る社《やしろ》で和歌を詠み、船で吉崎の湖水を渡って加賀に入り、山代温泉に着いたところで、「北海舟路の事 付けたり 根挙がり松の事」の段は終わります。

続く「足利将軍家長物語《ながものがたり》の事」の段では、はじめに、光秀が山代温泉で十日ほど入湯《にゅうとう》して、小瘡が平愈《へいゆ》したことが語られます。その後も光秀一行は山代に逗留して、敷地《しきぢ》の天神、山中の薬師、那《な》多《た》の観音への参詣もする中で、越前の豊原の名物の索麺《そうめん》が長崎の称念寺を経て届き、皆で賞味し、茶の湯を楽しんでいると、そこに、越前からの飛脚が到着し、同月（永禄八年五月）一九日に、京都で将軍足利義輝が三好、松永の兵によって討たれたとの報がもたらされます。ここで、光秀は、尊氏から義輝に至るまでの足利将軍家の歴史を知りたいという、湯屋《ゆや》の亭主や、称念寺の園阿上人をはじめとする一座の人々の願いを受けて、その歴史を詳しく語るのですが、その内容は、室町時代の政治史の概説となっています。ここにも、世界の大きな広がりと奥深さを捉える豊かな知が尊ばれています。そして、光秀が義輝の逝去を悼む言葉を述べて話を終えて落涙し、皆で念仏を唱え、悲嘆する中で、朝を迎えると、光秀は湯屋の亭主に別れを告げて、一乗谷に帰ったといいます。こうして「足利将軍家長物語の事」の段とともに、『明智軍記』の巻第一は終わります。

『明智軍記』の中では、巻第一の記述に虚構が最も際立って現れますが、その多くを占めるのが、知を愛し、才知を披瀝する光秀の言動です。「越前より加州の一揆を鎮むる事」での、永禄五年(一五六二)九月の朝倉氏と加賀の一揆勢との戦いも、「明智光秀鉄炮誉の事 付けたり 諸国勘合の事」に語られる、永禄六年四月一九日の一乗谷での鉄砲の技量の披露も、弘治三年(一五五七)春から永禄五年までの足かけ六年の「軍鑑鍛錬」の旅も、「朝倉義景、永平寺参詣の事 付けたり 城地の事」の、永禄七年三月二二日の、朝倉義景による亡父の孝景の十七回忌のための永平寺の参詣も、「北海舟路の事 付けたり 根挙がり松の事」、「足利将軍家長物語の事」の、永禄八年五月の「小瘡」の湯治のための加賀国への旅も、ことさらに詳しく事実めかした日付の設定を伴っていますが、いずれも、光秀が知を愛し、披瀝することを語るために念入りに用意された虚構に外なりません。

四 『明智軍記』における明智光秀の役割

『明智軍記』は、巻第二に入ると、その冒頭の段の「織田信長公由来の事 付けたり 尾州平均の事」で、織田信長が登場し、織田氏の来歴とともに、永禄三（一五六〇）年五月一九日に桶狭間《おけはざま》で今川義元を討つなどの信長の動静が語られます。続く「秀吉立身の事」では、信長が永禄四年四月から美濃の斎藤竜興《たつおき》を攻めたことが話題になりますが、その戦いで頭角を現す人物として、木下藤吉郎秀吉（後の羽柴秀吉・豊臣秀吉）が登場します。このように信長、秀吉が流れるように相次いで登場し、次の「信長の妹、浅井へ嫁せらるる事 付けたり 斉藤竜興落去の事」で、永禄八年四月のこととして、信長が斎藤竜興の籠もる稲葉山城を陥落させたことによる美濃攻略の終結が語られますが、巻第二には、ここまで光秀は登場しません。続く「織田殿より明智を招かるる事」の段になって、光秀が永禄八年冬以降、義景に遠ざけられ、その上、敵対してきた斎藤竜興が義景の許に逃れてきて、越前にいても「無益《むやく》の事」と思い始めていたところで、信長の招きを受けて、永禄九年一〇月に尾張に赴くことが語られます。こうして『明智軍記』の光秀は日本の政治の表舞台に参入しますが、同時に、作中の中心人物としての性格を弱めます。この物語の巻第二以降の主役は、光秀ではなく、信長の動静を中心とした日本全体の歴史の動向となります。巻第二以降には、光秀が自由に旅をすることはなく、自由を楽しむ光秀に副《そ》えられていた「十兵衛」という呼称が用いられる度合も減ります。

ただし、巻第二以降も、折々に「十兵衛」と呼ばれ続けるように、光秀が、知を愛し、自由に高邁《こうまい》に生きることは巻第一から変わりません。そこに作中の光秀の独自の重要性が際立ちます。光秀が朝倉義景から遠ざけられるのも、卓抜した資質、才知ゆえとされています。義景は、舅《しゅうと》でもある、足利一族の鞍谷刑部大輔嗣知《くらたにぎょうぶのたいふつぐとも》から、「近年濃州より来《きた》り候ふ明智光秀が形勢《ありさま》を窺《うかが》ひ候ふに、勇健にして、智謀、才芸、人に勝《すぐ》れ、器量、弁舌の者には候へども、其の気質無尽《むじん》にして、常に傍輩《はうばい》中の上座仕《つかまつ》り候ふ。斯《か》くの如き族《やから》は、普代《ふだい》の長臣を慢《あなど》り、後々は主君を褊《さみ》し、必ず恨《うらみ》を含み、野心有る者にて候ふ由、朝倉金吾《きんご》入道は申され候ひき」と言われて、光秀を遠ざけたといいます。

この嗣知の言葉は、主君に叛《そむ》くに至る光秀の本性を予知する発言として注目されます(7)が、「朝倉金吾入道は申され候ひき」とあるとおり、嗣知自身の見解によるものではなく、「朝倉金吾入道」、朝倉宗滴《そうてき》(教景《のりかげ》)の発言に依拠していることも見逃せません。宗滴は、朝倉氏の一族として、朝倉貞景、孝景、義景の三代の主に仕え、この永禄八年の十年前の天文二四(一五五五)年に逝去した功臣で、武略に長じ、朝倉氏の全盛期をもたらしたと言われています。彼の教訓、有職《ゆうそく》等をめぐる言談《げんだん》を没後にまとめた家訓書《かくんしょ》『朝倉宗滴話記』もあります。そうした宗滴の見解として、「気質無尽」で「常に傍輩中の上座」にある者は、「普代(譜代)の長臣(重臣)を慢り」、「主君を褊し(軽んじ)」、「恨を含」み、「野心」を抱く、という人物評を交える表現の進め方は実にしたたかです。宗滴が光秀その人を見て評したわけではないため、嗣知が、宗滴の人物評を誤って光秀に当てはめたと見ることもできます。また、嗣知に言われるままに主体性なく光秀を遠ざけた義景の主君としての器量の乏しさを表しているとも解せます。さらに、光秀への敵意、害意を持たない嗣知に、宗滴の人物評をふまえて光秀の資質を語らせることで、光秀を非難せずに讃えつつ、光秀に主を軽んずる本性があることを示唆することにもなっています。そして、『明智軍記』は、巻第一で、義景と光秀の好誼《こうぎ》を語っていましたが、その好誼を何ら顧みず、義景の許を去る光秀をまったく批判していません。主を変えるという徳義にかかわる重大な話題について、光秀の言動に倫理のものさしを当てることなく、出処進退の自由を容認する記述を行っています。細心の注意を払って、義景と光秀のかつての好誼を平穏に棚上《たなあ》げする表現でもあります。

この後の、光秀が越前を去って尾張に赴くことを語る「徳輝《とくき》を覧《み》て下ると云ふ本文に任せ、義景より暇《いとま》を申し、永禄九年十月九日、越前より濃州岐阜へぞ参りける」という記述も、簡潔であるものの、虚構の特別の日をことさらに明示する不思議な表現で、義景と光秀との君臣の倫理と情誼に一切触れず、その沈黙にも気づかせずに話題を進めます。しかも、次の記述では、尾張に着いた光秀が、信長と「御台所《みだいどころ》」のそれぞれに祝儀《しゅうぎ》を贈ることへとあっさりと話題を移します。その表現も、信長には、菊酒《きくざけ》の樽《たる》五荷《か》、鮭《さけ》の塩引《しおびき》の簀巻《すまき》二十を、「御台所」（信長の妻で、作中で光秀の「従弟《いとこ》」とされる）には、越前の「宮笥《みやげ》」として大滝の髻結紙《もとゆいかみ》三十帖《じょう》、府中の雲紙千枚、戸口《とのくち》の網代組《あじろぐみ》の硯筥《すりはこ》、文《ふみ》笈《ばこ》、香爐箱《こうろばこ》の類《たぐい》五十箱を進呈したという奇妙に詳細なもので、越前を離れることの苦衷《くちゅう》や後ろめたさとはまったく無縁の、手放しのめでたさを感じさせます。このように、光秀の自在で、高邁な人物としての印象を保持しようとする『明智軍記』の記述はたいへんにしたたかです。

これに続く「北伊勢軍の事　付けたり　神戸納得《かんべなつとく》　并びに　長野が事」では、永禄一〇（一五六七）年に、光秀が滝川一益《たきがわかずます》とともに伊勢を攻略する中、同国の員弁郡《いなべ》から勝恵《しょうえ》という旧知の禅僧を探し出し、勝恵を通じて、北伊勢の武士を帰順させたことを端緒に、抜群の功を挙げ、喜んだ信長から五千貫の領地を与えられ、五百騎を指揮する士大将《さむらい》となることが語られます。『明智軍記』は、この記述をもって巻第二を語り終えていますが、光秀が自身の将来を開くたいせつな知己《ちき》を得たのも、知を愛し、自在に生き、天下を巡覧したことによると言わんとしているのは明らかです。

『明智軍記』の光秀は、さらに巻第三以降も、知を愛し、自在に生きる人として、才芸を披瀝し続けます。巻第三下「三好一族、将軍の御館攻むる事 付けたり 二条城築かるる事」では、天下巡覧の旅で、豊後国の「鎮西無双の軍法、城取《しろとり》の名人」、角隈石宗《つのくませきそう》と知己になり、彼が所蔵する秘書のすべてを相伝したことが功を奏し、永禄一一（一五六八）年の二条城の築城で、光秀がその「縄張の棟梁」をみごとに務めたことが語られます。『明智軍記』の光秀は、知を愛し、自在に世を遊歴したことで、かけがえのない知己と知見を得ています。角隈石宗は、豊後の大友氏を支えた功臣として名高い人ですが、光秀とこの石宗を出会わせているところにも、この物語の重要な趣向が見出されます。

同じ巻第三下の「信長朝臣、越前敦賀の郡へ出馬の事」では、元亀元（一五七〇）年のこととして、光秀が信長に越前の朝倉氏を攻めるための方途を建言しています。信長が、朝倉氏と戦おうとした時に、光秀にいかに攻めるべきかを問うたところ、光秀が、三つの進攻の経路のうち、若狭路《わかさじ》を通って敦賀に入るのがよいことを整然と説き、感心した信長は、その勧めに従ったといいます。『明智軍記』が、ここで、旧主朝倉義景を攻めるのに有効な策を示す光秀を批判せずに讃えているのも重要です。『明智軍記』の光秀は、主従関係をめぐる倫理や情誼に囚われず、自らの才知を自在に旺盛に披瀝し続けます。

巻第四「信長、明智に軍鑑を問はるる事 付けたり 畠山が事」では、元亀三（一五七二）年春に、信長に、二方面の敵、北の浅井《あざい》氏、朝倉氏、南の三好氏といかに戦うかを問われ、光秀はすぐれた策を示しています。とりわけ、三好氏の支配する河内国《かわちの》（大阪府）に対しては、同国の旧守護家の畠山英就《ひでなり》を味方にするよう進言し、天下巡覧の旅で知己となった、英就の一族の畠山就定《なりさだ》が媒《なかだち》となり、即座にそれを実現させたといいます。ここで重要な鍵となる畠山就定との出会いについては、その場が摂津の住吉《すみよし》の社家《しゃけ》、松本右京亮《まつもとうきょうのすけ》国守《くにもり》の邸だったという実に詳しく具体的なことまで語られていますが、この出会いの記述も、旅をすることの意義の大きさを表す意図を含んだ虚構と考えられます。『明智軍記』では、知を愛し、自在に生きてきたことが、ここでも光秀を支えています。

巻第五「朝倉の郎等降参の事 付けたり 足利の公方滅却の事」では、天正元（一五七三）年に、京にいた光秀が、将軍足利義昭に、二条城の防御を固め、宇治の槇島《まきのしま》に要害を構えるなどの不審な動きがあるのを機敏に察知し、即座に岐阜の信長にそれを報じて、義昭による信長打倒の企てを封じています。その結果、義昭は追放され、室町幕府は滅びるのですが、『明智軍記』の光秀は、即時の機転で、この大事件の帰趨《きすう》を左右します。

巻第六「上野の平井并びに周防の山口古跡《こせき》の事」では、天正二（一五七四）年に信長が石山本願寺を攻めるために和泉国（大阪府）堺に在陣していた時のこととして、光秀は天下巡覧の旅で得たすぐれた知見を披瀝しています。ここでは、信長が、在陣中の配下の諸士を饗応《きょうおう》する中で、光秀を「諸国徘徊《はいくわい》して万《よろ》づ鍛錬深き者なり」と讃えて、堺に匹敵する昔日の名所を語るよう求めると、光秀は、旅での見聞をもとに、関東管領《かんとうかんれい》上杉氏の城下であった上野国《こうずけのくに》（群馬県）平井と、大内氏の城下であった周防国《すおうのくに》（山口県）山口の盛衰を詳しく語ります。「諸国徘徊して万づ鍛錬深き者なり」という信長の言葉は、知を愛し、自在に生きる『明智軍記』の光秀の本質を要言しています。また、山口への旅を語る中で、豊後の大友義鎮《よししげ》（宗麟《そうりん》）の臣である、先述の角隅石宗に誘われて共に訪れたことも述べていますが、ここにも、知己となる人と出会い、親交を深める旅の妙趣が強調されています。なお、『明智軍記』が、天正二年の時点でも隆盛を誇っていた堺を、過去に栄えた名所と捉えているのは、執筆時の状況に引かれての記述であると考えられます。安土桃山時代には、今井宗久《そうきゅう》、千利休《せんのりきゅう》、津田宗及《そうきゅう》、小西隆佐《りゅうさ》といった堺の商人たちが日本の政治、経済、文化に深くかかわる重要な役割を担います。そうした意味では、この時期の堺は盛時にあったと言ってよいでしょう。

同じ巻第六の「荒木山城守降参の事 付けたり 信長卿御物語の事」にも、信長の求めに応じて、光秀が卓抜した知見を披瀝する重要な場面があります。天正三（一五七五）年六月一九日のこと、信長が、岐阜城で光秀と語り合う中で、光秀を「古実《こじつ》知りぬる者」と称しつつ、古今の「良将、名将、剛将、猛将、勇将」を挙げさせ、飯尾《いいお》新七に記録させた(8)というのです。ここで光秀が挙げるのは、坂上田村丸（田村麻呂）、藤原利仁、藤原秀郷、平貞盛、平良文、源満仲、平維茂《これもち》、源頼光、源頼義、佐藤（藤原）清衡《きよひら》、源義家、源義光、平正盛、源為朝、源義仲、平重盛、平教経、源頼朝、源義経、佐原義連《よしつら》、

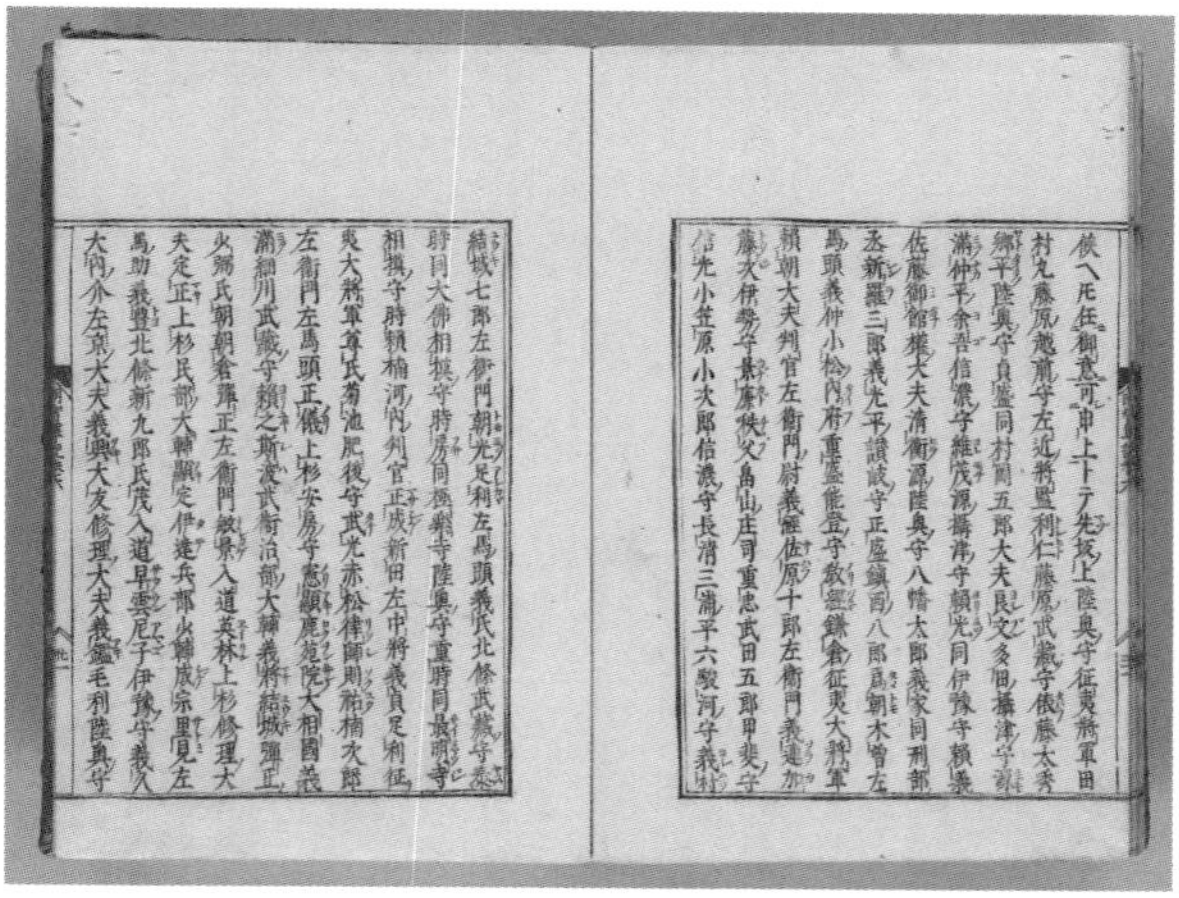

図3 『明智軍記』巻第6の、光秀が古今のすぐれた将の名を挙げる記述

加藤次景廉《かとうじかげかど》、畠山重忠、武田信光、小笠原長清、三浦義村、結城朝光、足利義氏、北条泰時、北条時房、北条重時、北条時頼、楠正成《くすのきまさしげ》、新田義貞、足利尊氏、菊池武光、赤松則祐《あかまつそくゆう》、楠正儀《まさのり》、上杉憲顕《のりあき》、足利義満、細川頼之、斯波義将、結城氏朝、朝倉敏景、上杉定正、上杉顕定、伊達成宗《しげむね》、里見義豊、北条早雲、尼子義久、大内義《よし》興《おき》、大友義鑑《よしあき》、毛利元就、三好長慶《ながよし》、北条氏康、武田信玄、上杉謙信、長曽我部元親《ちょうそかべもとちか》、織田信長の五八人です。この誉れある古今の将の列挙は、光秀の見識の高さを表し、知を愛し、自在に思考することの重要性を説くとともに、『明智軍記』固有の歴史の認識と人物の評価を提示しています。『明智軍記』の光秀からは、世界の豊かさを表象する知が湧き出しています。この場面では、そうした光秀の言葉に対し、信長が、「某《それがし》を其《そ》の書付《かきつけ》に載する事は片腹痛《かたはらいた》き事也」と謙遜しつつ、「左様《さやう》に申しける光秀こそ無双の名将とも云ふべけれ。若手《わかて》には、徳川大君《とくがはたいくん》、英雄の仁なり。又、凡下《ぼんげ》乍《なが》ら、羽柴筑前守秀吉も当時稀なる者とこそ覚ゆれ」と、光秀、家康、秀吉を、古今の「良将、名将、剛将、猛将、勇将」に加えたいとの意向を示しますが、この言葉にも、『明智軍記』の歴史認識と人物の評価がうかがわれます。なお、天正三（一五七五）年の時点での、家康に対する「徳川大君」という不自然な呼称は、家康への絶対視が強固に求められていた江戸時代の出版物であるがゆえのことです。

巻第七「信長、御居城江州《がうしゆう》安土に定めらるる事 付けたり 天守の事」では、天正四（一五七六）年二月二六日、信長に安土《あづち》に呼ばれ、安土城のあるべき構えを問われた光秀が、その姿を決定づける大きな働きをしています。信長の問いに対して、光秀は、天下巡覧の旅で実見した、安房国館山《たてやま》に里見義弘が建てた三重の天守と、周防国山口に大内義興が建てた三重の天守を例に挙げながら、安土城には五重の天守を構えることを勧めます。さらに、その進言を喜び、受け入れた信長に対し、光秀が、大内義長から先述の角隈石宗に伝授されていた天守の「差図《さしづ》」（図面）を豊後国で書き写したと述べて進呈し、その図に倣《なら》って安土城の天守が建てられたといいます。ここでも、光秀が知を愛し、天下を巡歴し、知見を広げ、知己を得たことが重要な意味を持ちます。

巻第八上「筒井順慶猶子の事 附けたり 播州軍の事 并びに 波多野が事」では、主家の尼子氏の再興を企図しつつ流浪していた山中鹿之助が、以前に、出雲の富田《とだ》の一畑寺《いちばたじ》で明智光秀と知り合ったことを思い起こして、光秀を頼ることで、信長の支援を得て、播磨《はりま》（兵庫県）の上月城《こうづきじょう》を拠点にして毛利氏と戦い続けることも語られています。『明智軍記』では、山中鹿之助も、光秀が天下を巡覧する中で出会った知己とされています。相当に思い切った創作ですが、その創作を起点にした新たな物語を紡《つむ》ごうとしないところにも、ストーリーの平衡を重んずる抑制をわきまえた『明智軍記』の記述のしたたかさが認められます。

巻第八下「京都に於いて馬揃《うまそろへ》の事 附けたり 国々退治の事」では、天正九（一五八一）年二月二八日に京都で催された馬揃を、光秀が取り仕切ったことが語られます。光秀は、信長から馬揃の開催についての相談を受け、内裏と賀茂川との間で催すのがよいと進言すると、馬場の普請《ふしん》と、当日の奉行を任されたといいます。この馬揃は、正親町天皇《おおぎまちてんのう》の親覧《しんらん》を得て、華美を尽くした騎乗兵の隊列が盛大に行進する晴儀でした。『明智軍記』のその記述は、列叙を駆使した賑わいに溢れていますが、知を愛し、知識、見識に恵まれた作中の光秀は、世界の豊かさを祝祭的に表象するこの晴儀を取り仕切る人物としてまさに適任と言ってよいでしょう。

このように、『明智軍記』の明智光秀は、巻第一から巻第八下まで、一貫して、知を愛し、自在に生きる人として活躍しています。そうした活躍は、天正九年の馬揃の奉行以外のほとんどが虚構と考えられ、史実の光秀を知る上では無用の記述ですが、『明智軍記』という作品の特質を考える上では特に注目すべき表現です。この作品を読む人は、知を愛し、旅を好み、自在に生きる光秀の姿に触れることで、世界の広がりと豊かさへと大きく心を開かれることになります。『明智軍記』が、世界を知ることの喜びと重要性を読む人に伝えることをめざした作品であるならば、光秀は何よりもそのためのよき媒《なかだち》、よき案内人である必要があり、史実に沿って光秀を語ることは二義的なこと、副次的なことに過ぎなくなります。『明智軍記』の光秀は、実像を求めて記された伝記の中の人物ではなく、世界の豊かさへと読者の関心を誘《いざな》う理想の案内人として、あえて史実を離れて仮構された人物と考えることができそうです。

五.『明智軍記』における明智光秀の登場が意味するもの

ただし、そうは言っても、『明智軍記』の光秀は、史実のとおり、天正一〇(一五八二)年六月二日に本能寺の変を起こし、実際の歴史を大きく変えます。『明智軍記』の光秀が信長に叛意《はんい》を抱くのは、巻第九の「甲州武田断絶の事 附けたり 光秀面目を失ふ事」の場面と、「惟任日向守《これたふひゆうがのかみ》謀叛を企つる事」の場面です。「甲州武田断絶の事 附けたり 光秀面目を失ふ事」の段では、天正一〇年春の武田氏を滅ぼす戦いで、稲葉一哲(一鉄)に功名《こうみょう》がなかったのは、光秀が一哲の臣、斉藤(斎藤)内蔵助《くらのすけ》利三を自らの臣にしてしまったことによるという、一哲からの訴えを聞いた信長が光秀の顔を殴打したことが語られます。また、「惟任日向守謀叛を企つる事」の段では、同年五月中旬の、安土での徳川家康に対する光秀の饗応を過分だと咎めた信長が、森蘭丸《もりらんまる》ら小姓《こしょう》に光秀を打擲《ちょうちゃく》させたといいます。さらに、同段には、信長からの恩義を思い、こうした暴力にも耐えていた光秀が、羽柴秀吉の配下となって毛利方と戦うことを命ずる信長の書状に接し、その非礼を憤り、前途を悲観し、謀叛を決意したことも語られていますが、その決意に際し、光秀は、信長に従ってきた十七年間を回顧して、「強《あなが》ち信長の譜代恩顧と云ふには非《あら》ず。尤《もつと》も君恩とは云ひながら、唯某《ただそれがし》が武勇の鋒先《ほこさき》を以《もつ》ての故《ゆゑ》也。誠に昼夜安堵に住せずして今に至りぬ」と考え、「心知らぬ人は何とも云へば云へ身をも惜しまじ名をも惜しまじ」との歌も詠じています。ここにも、主従関係に囚われず、自身の力量と努力と判断を重んずる『明智軍記』の光秀の自在さがよく現れています。『明智軍記』は、そうした光秀が信長を討つことを批判しないばかりか、肯定しています。

そして、最終巻の巻第十「不仁《ふじん》の人は天罰逃れざる事」では、信長の最期について、「利《スル》レ人《ヲ》者《ハ》、天必《ズ》福《ヒス》レ之《ニ》。賊《スル》レ人《ヲ》者《ハ》、天必《ズ》禍《ヒス》レ之《ニ》（人を利する者は、天必ず之《これ》を福《さひは》ひす。人を賊《ぞく》する者は、天必ず之《これ》に禍《わざは》ひす）」という言葉を引きながら、「其《そ》の比《ころ》、人毎《ひとごと》の夢に、猿共夥《さるどもおびたた》しく群がりつつ、水色の旗を持ち、都へ上り、家々に立て置きぬと見えけるとかや。今ぞ知りぬ、信長父子は信長殺せり、更に、明智に非《あら》ざる事を」と、比叡山延暦寺を焼き討ちするなどの悪行による自業自得の結果と捉え（人々が夢に見た猿とは、比叡山の神、山王権現《さんのうごんげん》の使いで、水色の旗の明智氏を加護したことも意味しています）、非は信長にあり、光秀にはないとしているのです。同じ巻第十で、光秀の山崎での敗戦や小栗栖《おぐるす》での最期、明智一族の坂本城での滅亡を語る際にも、光秀と一族、家臣の言動を非難することなく讃え続けています。

特に、「明智日向守最期の事 附けたり 光慶《みつよし》病死の事」では、光秀が死に臨んで、「明窓玄智禅定門《みょうそうげんちぜんじょうもん》」の名で「逆順無《ク》二二門一 大道徹《ス》二心源《ニ》一 五十五年夢《ノ》 覚来《メッテ》 帰《ス》二一元《ニ》一（逆順、二門《にもん》無く、大道《だいどう》、心源《しんげん》に徹《てっ》す。五十五年の夢、覚《さ》め来《きた》つて一元《いちげん》に帰《き》す）」という達観を示す辞世の偈《げ》（仏の教えを韻文の形で示したもので、「頌《じゅ》」とも言う）を遺したことまで語っています。この偈の内容は、「真の悟りに到る門となる縁は一つで、逆縁（仏に対してよくない縁）と順縁（仏に正しく向かう縁）といった区別などはなく、私の心底《しんてい》を発する大道は悟りへとまっすぐに達している。今、私はこの世での五十五年の夢から覚めて、唯一無二の真の境地へと帰着するのだ。」という意味になるでしょうか(9)。この偈には、世の大道にかなうのならば、主を討つことも仏の道に背かず、主を討った者も真の悟りに達することができる、という考えが示されています。主を討つことにも迷わないこの考えは、名分《めいぶん》（身分、立場に即して守るべき倫理、道理）を重んずる社会においては到底受け入れ難いものです。前掲の、光秀の詠歌「心知らぬ人は何とも云へば云へ身をも惜しまじ名をも惜しまじ」にも、自身の「身《み》」とともに「名《な》」（名分による評判）にも拘《こだわ》らない同様の認識が現れていました。こうした認識が、紛れもなく江戸時代にあったことに注目して、この時代の文化を見直す必要がありそうです。

『明智軍記』の記述には、名分という、世の人の分節にもとづく倫理、道理よりも、その分節を超えた世の広がりと豊かさを学ぼうとする志向が見出されます。その志向が、知を愛し、世界を遊歴する人物、明智十兵衛をその学びの案内人として創出したのです。この創造された案内人の言動の多くは虚構です。先述の光秀の詠歌も偈も作者の虚構か、虚構の言説にもとづくものでしょう。偈の「五十五年」という光秀の逝去の年齢にも確かな根拠はなさそうです。この記述により、最期を迎えた天正一〇（一五八二）年六月に、数え年で五五歳であったと考えれば、光秀は享禄《きょうろく》元（一五二八）

年の生まれとなりますが、辞世の偈自体が虚構と考えられる以上、光秀の生年《しょうねん》も、享年《きょうねん》も不明と言わざるを得ません。

『明智軍記』の光秀が多大な虚構、脚色を含んでいることは、この作品が史実の光秀に執着していないことを意味しています。『明智軍記』は、最終章段「光秀の妻室、同じく一族等自害の事 附けたり 羽柴秀吉治世の事」において、作品全体の記述を「羽柴秀吉、威勢盛んにして、諸将の統領と成り給ひしかば、程なく天下泰平、都鄙《とひ》安全に成り行きて、目出度《めでた》かりし事共なり」という言葉で結んでいます。史実の光秀を讃える意思があるのなら、光秀を破り、亡き者にした秀吉による「天下泰平」は受け入れられるものではないはずです。ところが、そうではなく、秀吉による「天下泰平」を「目出度」しと寿《ことほ》ぐことをもって、物語の結尾としているのです。それも不可思議なことのようですが、『明智軍記』の記述の本質を考えれば、当然の帰結と言ってよさそうです。『明智軍記』は、明智光秀その人よりも、虚構の光秀の言動を通して浮かび上がる世界の広がりと豊かさにこそ関心があるのです。その関心に立てば、世界（天下、都鄙）が泰平で安全であるのは、喜ぶべきことに外なりません。『明智軍記』の光秀の役割が世界の広がりと豊かさを開示することにある以上、光秀が敗死しても、その役割は十分に果たされたことになるのです。

六、世界の豊かさを表象し、豊かな知への関心を喚起する『明智軍記』

史実の明智光秀という人物は、信長を助け、信長を討ち、秀吉に敗れることを通して、天下の統合へと進む歴史の動向を大きく左右しました。また、その動向の過程で、信長、秀吉だけではなく、徳川家康、朝倉義景、足利義昭、浅井長政、武田信玄・勝頼、松永久秀、柴田勝家、丹羽《にわ》長秀《ながひで》、滝川一益といった人々も光秀とかかわりました。永禄（一五五八―一五七〇年）・元亀《げんき》（一五七〇―一五七三）・天正（一五七三―一五九二）という年号の戦国時代の大変動期を、明智光秀に視点を置いて見通しよく捉えようとしたのは、『明智軍記』作者の慧眼《けいがん》であったと評せます。しかも、その光秀を、知を愛し、世を自在に巡歴し、そこで得られた知見と能力を遺憾なく開示する人として造型し、元禄の世の読者に世界の広がりと豊かさを伝える案内人にしたのは、実にみごとな趣向でした。高柳光寿氏は、事実からの乖離《かいり》をもって、『明智軍記』を「誤謬充満」の「俗書」、「悪書」と評しましたが、『明智軍記』が「俗書」、「悪書」になったのは、世界の広がりと豊かさを生き生きと伝えようという目的のためだったのです。

『明智軍記』のそうした目的は、戦国の世の出来事を記すのには過剰とも言える古典知を差し挟む記述にも顕著です。巻第六「丹波国を惟任日向守に賜ふ事 付けたり 過《あまる》部《べ》の城攻め落とす事」には、天正三（一五七五）年に、信長から丹波一国を与えられたことへの謝意を表すために、光秀が、明智家重代の来国次《らいくにつぐ》の二尺七寸の名刀、夢切とともに、大江匡房《おおえのまさふさ》が書写した豪華な巻子《かんす》（水晶を軸にして巻首の蜀江《しょっこう》の錦で全体を巻き込む形の本）の『古今和歌集』二十巻を信長に進上したことが語られています。この記述を支えているのは、『明智軍記』刊行の約三百年前の名工の名刀と並んで、約六百年前の大江家の碩学《せきがく》、匡房の直筆《じきひつ》の『古今和歌集』を尊ぶ心性です。今はなく、昔もなかったと言ってよいこの幻の『古今和歌集』は、太刀、夢切と同様に、世界の奥深い豊かさを表す奇跡の名品です。

そして、『明智軍記』は、さらなる奇跡に満ち溢れた幻の名品を記述の上に登場させます。巻第八上「松永弾正叛逆の事 附けたり 奇物焼亡の事」には、天正五（一五七七）年一〇月に、松永久秀が信長に背き、大和国の信貴山《しぎさん》城で、織田軍の攻撃を受けて滅びることが語られます(10)。この時、世に伝えられているように、信長も執心したという名物の茶釜、平蜘蛛《ひらぐも》（平蜘）も失われたとされていますが、『明智軍記』は、次の記述のとおり、久秀とともにここで失われた名宝は平蜘蛛に留まらなかったとしています。

（前略） 松永弾正、内外《ないげ》の敵に度を失ひ、今は叶はぬ処とや思ひけん、本丸に引き入り、偖《さ》て、日比《ひごろ》貯へ置きし七珍万宝《しっちんまんぽう》、荊岫《けいしう》の玉、揚州の金《こがね》、其《そ》の外《ほか》諸道具を何《いづ》れも残らず焼き捨てんと、悉《ことごと》く取り出《い》だすに、或いは古来銘作の太刀、長刀《なぎなた》、京、鎌倉、備前、大和、其の外国々の鍛冶《かぢ》共を尽くしきたひたる名物の類《たぐひ》、又は和漢の墨蹟《ぼくせき》、画図《ぐわと》の妙《たへ》なる、異国には、無準《むじゅん》、牧谿《もくけい》、玉礀《ぎよくかん》（澗）、顔輝《がんき》、李安忠《りあんちゆう》、舜挙《しゆんきよ》、趙昌《てうしやう》、馬遠《ばゑん》以下《いげ》、吾朝《わがちやう》には、周文《しうぶん》、雪舟、可翁《かをう》、啓書記《けいしよき》、兆《てう》典主《でんす》、土佐将監光起《とさのしやうげんみつおき》(11)、曽我《そが》玄仙《げんせん》、狩野《かのう》幽清《いうせい》、永仙法眼《えいせんはふげん》などの画《か》きたりし屏風《びやうぶ》、掛物《かけもの》、さて墨跡には、義《ぎ》（羲）之《し》、子昂《すがう》、虚堂《きよだう》が筆、倭国《わこく》には、道風《たうふう》、佐理《さり》、行成《かうぜい》、并びに古今《ここん》名人の貴僧、公卿、殿上人の手跡、紀貫之が書きし古今集、源の順《したがふ》が筆の後撰《ごせん》集、公任《きんたふ》の書きし伊勢物語、俊成《しゆんぜい》筆《ひつ》の千載集、定家《ていか》手跡の新勅撰、家隆《かりゆう》の書きたる源氏物語、堯孝《げうかう》、兼載《けんさい》、宗祇《そうぎ》などが筆の吟《すさみ》、数を知らず。或いは数奇《すき》の具《ぐ》集むる事、猶以《なほもつ》て唐土《もろこし》の奇物《きもつ》、異国の島々、日域《にちゐき》の儀は申すに及ばず。古往《そのかみ》、義政公、東山の亭にて翫《もてあそ》び玉《たま》ひしにも超えぬべき粧《よそほ》ひ、茶入《ちやいれ》、茶碗、釜、水指《みづさし》、真壺《まつぼ》、華立《はなたて》の類算《かぞ》ふるに遑《いとま》あらず。其の中に、平蜘《ひらぐも》と云ふ無双の釜有りしを、信長公度々所望成されしかども、久秀強いて之《これ》を惜しみ、終《つひ》に指し上げざりけるに、唯今《ただいま》敵に奪はれん事を遍執《へんしふ》して、真先《まつさき》に是を打ち砕いてぞ捨てにける。偖て又、名香を弄《もてあそ》ぶに、伽羅《きやら》、真盤《まなばん》、羅国《らこく》、真中《まなか》、佐曽羅《さそら》、曽毛多羅《そもたら》より出でたる赤栴檀《しやくせんだん》、蘭奢待《らんじやたい》、逍遥《せうえう》、古木《こぼく》、中川《なかがは》、三吉野《みよしの》、紅塵《こうぢん》、法華経《ほけきやう》、盧橘《はなたちばな》、八橋《やつはし》など云ふ勝《すぐ》れたる香共を集め置き、螭頭《ちとう》の香爐《かうろ》、堆朱《ついしゆ》の香筥《かうばこ》、其の類の品も余多《あまた》なり。又盆山《ぼんさん》を愛しつつ、剡渓《えんけい》、石震《せきしん》、沢石、九山八海《くせんはつかい》などと云ふ石共を撰《えら》み集め貯へたり。偖て、祐乗《いうじよう》、宗乗《そうじよう》、乗真《じようしん》が手際《てぎは》を尽くし雕《ほ》りける目貫《めぬき》、笄《かうがい》、小柄《こづか》、筆架《ひつか》、文鎮《ぶんちん》、香匙《きやうじ》、火筋《こじ》の類、或いは、蜀江《しよくかう》の錦《にしき》、呉郡《ごきん》の綾《あや》、縑《かとり》の蟬羽《うすもの》、纐纈《かうけつ》、羅綾《らりよう》、鈍子《どんす》以下の織物際限なく取り調《ととの》へ、絹、綿に包み、箱、袋に入れて、幾千万と云ふ数を知らず有りけるを、悉く火を放ちて、片時《へんし》の煙と焼き捨てつつ、子息右衛門佐久通《うゑもんのすけひさみち》を始め、一族十一人、都《つ》合《がふ》二百三十余人、思ひ思ひに自害し焼き失《う》せける。松永一類、箇様《かやう》に忽《たちま》ち滅亡せし事を思ふに、主君に度々逆心し、人民を苦しめける積悪《せきあく》の至り、逃れ難き故《ゆゑ》なり。

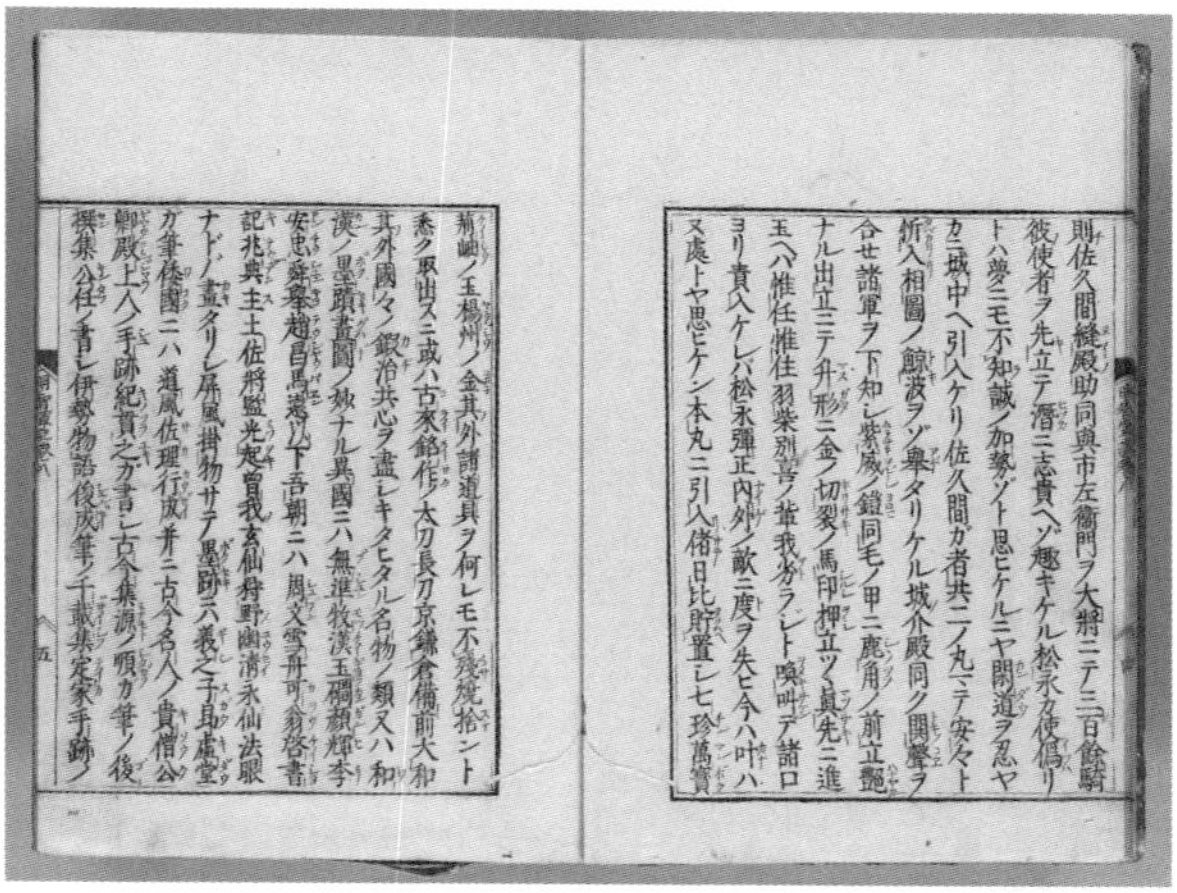

則佐久間縫殿助同與市左衛門ヲ大將ニテ三百餘騎
彼使者ヲ先立テ潛ニ志貴ヘゾ趣キケル松永方使僞リ
トハ夢ニモ不知誠ノ加勢ゾト思ヒケルニヤ閑道ヲ忍ヤ
カニ城中ヘ引入ケリ佐久間カ者共二ノ丸ニテ安々ト
析入相圖ノ鯨波ヲゾ擧タリケル城介殿同ク關聲ヲ
合セ諸軍ヲ下知シ紫威ノ鎧同毛ノ甲ニ鹿角ノ前立艶
ナル出立ニテ升形ニ金ノ切裂ノ馬印押立ツヽ眞先ニ進
玉ヘバ惟任惟住羽柴別喜ノ輩我劣ラジト喚叫デ諸口
ヨリ責入ケレバ松永彈正內外ノ敵ニ度ヲ失ヒ今ハ叶ハ
ヌ處トヤ思ヒケン本丸ニ引入偖日比貯置シ七珍萬寶

荊岫ノ玉楊州ノ金其外諸道具ヲ何レモ不殘燒捨ント
悉ク取出スニ或ハ古來銘作ノ太刀長刀京鎌倉備前大和
其外國々ノ鍛冶共心ヲ盡シキタヒタル名物ノ類又ハ和
漢ノ墨蹟畫圖ノ妙ナル異國ニハ無準牧溪玉礀顏輝李
安忠舜擧趙昌馬遠以下吾朝ニハ周文雪舟可翁啓書
記兆典主土佐將監光起曾我玄仙狩野幽清永仙法眼
ナドノ畫タリシ屛風掛物サテ墨蹟ニハ義之手島盧堂
カ筆倭國ニハ道風佐理行成并ニ古今名人ノ貴僧公
卿殿上人ノ手跡紀貫之カ書シ古今集源ノ順カ筆ノ後
撰集公任ノ書シ伊勢物語俊成筆ノ千載集定家手跡ノ

五

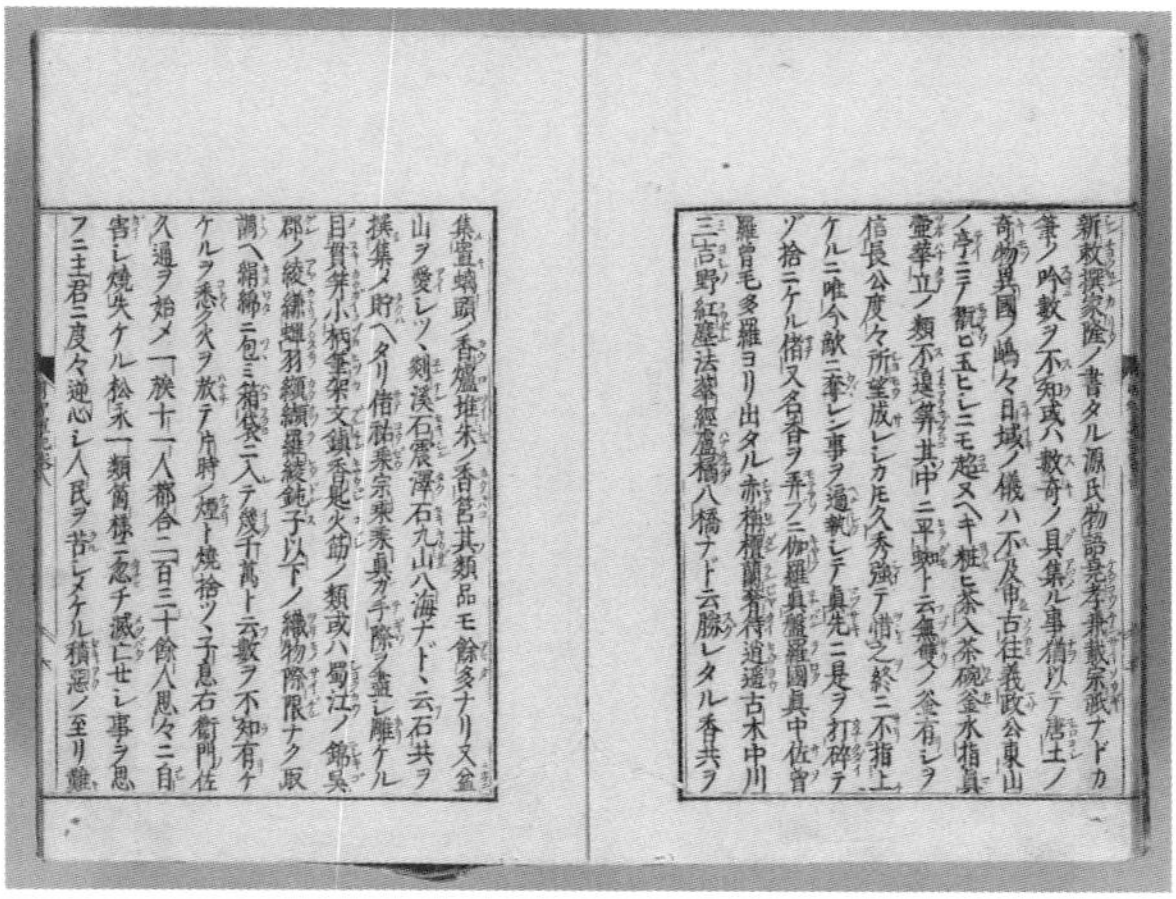

新敕撰家隆ノ書タル源氏物語堯孝非載宗祇ナドカ
筆ノ吟歎ヲ不知或ハ數奇ノ具集ル事猶以テ唐土ノ
奇物異國ノ嶋々日域ノ儀ハ不及申古往義政公東山
ノ亭ニテ翫ヒ玉ヒシニモ超ヘキ粧ヒ茶入茶碗釜水指眞
壺華立ノ類不遑筭其中ニ平蜘ト云無雙ノ釜有シヲ
信長公度々所望成レシカ𪜈久秀強テ惜之終ニ不指上
ケルニ唯今敵ニ奪レン事ヲ遺執シテ眞先ニ是ヲ打碎テ
ゾ捨ニケル偖又名香ヲ弄ブニ伽羅眞盤羅圓眞中佐曽
羅曽毛多羅ヨリ出タル赤栴檀蘭奢待逍遥古木中川
三吉野紅塵法華經盧橘八橋ナドト云勝レタル香共ヲ

集置蟾頭ノ香爐堆朱ノ香合其類品モ餘多ナリ又盆
山ヲ愛レツヽ剡溪石震澤石九山八海ナドヽ云石共ヲ
撰集メ貯ヘタリ倍祐乗宗乗乗眞カ手際ヲ盡シ雕ケル
目貫笄小柄筆架文鎭香匙火筯ノ類或ハ蜀江ノ錦呉
郡ノ綾綸蝉羽綾繻羅綾鈍子以下ノ織物際限ナク取
調ヘ絹綿ニ包ミ箱袋ニ入テ幾千萬ト云數ヲ不知有ケ
ケルヲ悉ク火ヲ放テ片時ノ煙ト燒捨ツヽ子息右衛門佐
久通ヲ始メ一族十一人都合二百三十餘人思々ニ自
害シ燒失ケル松永一類爾樣ニ忽チ滅亡セシ事ヲ思
フニ主君ニ度々逆心シ人民ヲ苦シメケル積惡ノ至リ歟

図4　『明智軍記』巻第8上の、松永久秀とともに失われたとされる名宝の記述

この信貴山城陥落の場面には、光秀も登場しますが、攻撃する信長方の将のうちの一人として名が挙げられるだけで、特別に扱われてはいません。この場面で特筆されているのは、久秀とともに失われた幻の名品たちです。当時珍重された和漢の名人による画と書、日本の高名な文人直筆《じきひつ》の古典籍、平蜘をはじめとする名物の茶器、舶来の稀少の香木から作られた名香、香の道具の名品、名石から成る盆山、金工の名手が意匠を凝らした装飾品、和漢の織物の名品等々の列叙が、この場面の主役として、光秀の存在感を遥かに凌《しの》いでいるところに、世界の豊かさを語る作品としての『明智軍記』の真骨頂《しんこっちょう》が現れています[12]。引用した記述の結尾で、「松永一類、箇様に忽ち滅亡せし事を思ふに、主君に度々逆心し、人民を苦しめける積悪の至り、逃れ難き故なり」と、久秀の滅亡を悪行の報いと捉え、批判しているだけに、久秀が所持していたという失われた幻の名物を饒舌《じょうぜつ》に躍動的に語る記述が、因果応報の観念とは別に、世界の豊かさを祝祭的に表象するものであることがひときわ明瞭に理解できます。

そもそも、松永久秀とともに、信貴山城で、これほどの名物が失われたというのは壮大な虚構に外なりません。久秀の滅亡に言寄《ことよ》せて、失われたものの豊かさを語ることで、世界の無際限の豊かさを語ろうというのが、この虚構のねらいです。その虚構の奇想天外な誇大さは、「紀貫之が書きし古今集、源の順が筆の後撰集、公任の書きし伊勢物語、俊成筆の千載集、定家手跡の新勅撰、家隆の書きたる源氏物語」という記述に殊に顕著です。古典知を持って読まれることを前提にしつつも、そうした古典知があるならば到底信を置けない記述です。もしもこの古典籍のいずれか一つでも世に遺されているのならば、日本を代表する名宝と目されたに違いありません。そうした魅力に溢れた誇大な幻影を浮かび上がらせることで、読む者の知への欲求を激しくかき立てることを、『明智軍記』の表現者はよく心得ていたと考えられます。

『明智軍記』の記述は、世界の豊かさを表象することで、その豊かさを知ろうという世の人の渇望をかき立てる仕掛けを具えています。そうした書が、読者の案内役に立てたのが明智光秀でした。君臣の分に厳しいはずの江戸時代に、明智光秀を謀叛人として非難するのではなく、知を愛し、天下を遊歴する才子として讃える作品が生まれたのは、君臣の分を守る徳義よりも、世界の豊かさを知ろうとする旺盛な意欲を重んずる心性に支えられてのことであったと考えられます。その意味は決して小さくありません。

おわりに

『明智軍記』のような作品が元禄一五(一七〇二)年八月に出版されたことは、江戸時代の文学史、文化史、リテラシー史を考える上でたいへん注目されます。同時に、本書が、その後ほとんど版を重ねず、あまり多くの読者に恵まれなかったことの意味を考えることも重要かと思います。現存する『明智軍記』の十巻本の版本は、元禄一五年の出版との刊記のある本の他は、文政六(一八二三)年正月の出版との刊記のある本が知られるだけです[13]。『明智軍記』が生まれたことと、その後広まらなかったことは、江戸時代の文化史を理解する上で見過ごせません。

容易に結論の出る問題ではありませんが、それを考える上でとても気になる出来事があります。十巻本の『明智軍記』が出版されてまだ四か月ほどしかたたない、同じ元禄一五年の一二月一四日の夜、大石内蔵助《くらのすけ》良雄をはじめとする旧赤穂《あこう》藩士たちが主君浅野《あさの》内匠頭《たくみのかみ》長矩《ながのり》を死に至らしめた仇として、吉良《きら》上野介《こうずけのすけ》義央《よしなか》を討つ赤穂事件が起こります。以後、この赤穂の浪士の行動を義挙と讃える気運が高揚します。多様な創意、脚色を加えて浪士を義士として語る物語も広がりを見せ、寛延《かんえん》元（一七四八）年には、『仮名手本忠臣蔵《かなでほんちゅうしんぐら》』が、人形浄瑠璃として、また歌舞伎として演じられ、評判となります。赤穂事件が起こらなくても、主君への忠義を讃える物語の盛行はあったかも知れませんが、赤穂事件がその盛行の気運を高める決定的な意味を持ったことは動かないかと思います。そうした気運の高まりの中では、『明智軍記』に見られる、倫理の枠を当てはめずに、主を討った人物を讃えるような心性は捨てて顧みられなくなるのが自然の趨勢《すうせい》と言えましょう。赤穂の義士を讃える心性からすれば、恩義ある主君を討った明智光秀は悪《あ》しき謀叛人に外なりません。「武智《たけち》光秀」こと明智光秀を、主殺しの悪人として突き放さず、彼の痛切な悲嘆を語る『絵本太功記』（寛政一一〈一七九九〉年人形浄瑠璃初演、翌寛政一二年歌舞伎初演）のような作品も世に現れましたが、いかに同情しようとも、いかに切実な場面があろうとも、光秀を反逆者と捉えるという厳然たる前提が動くことはありませんでした。

そう考えると、『明智軍記』が、光秀を謀叛人と捉えず、悪人だという前提にも立たず、知を愛し、進取の意欲に溢れ、旅と自由を好み、飄然と天下を遊歴し、世界の豊かさを伝える案内人として描き出したことが、まさに奇跡であるように思われてきます[14]。赤穂事件が起こった元禄一五年は、このような作品が生まれるという「事件」が起こった年でもありました。この年は、江戸時代の文化、思想が変化する大きな分かれ目だったとも考えられます。十巻本の『明智軍記』の初版と以後の出版の不調は、こうした思潮の変化に深くかかわっているのではないでしょうか。日本の文学史、文化史、リテラシー史、思想史は、一七世紀と一八世紀の間にも大きな転換があったと見ることができそうです。そうした過去の思潮の史的展開を知る上でも、また、世界の豊かさをのびのびと表象する文学表現の重要性を深く理解する上でも、『明智軍記』は貴重な意義を持ち、多くの示唆を与え続ける作品です。三百年以上前に書かれたこの作品は、底知れず豊かな人と物に溢れた世界を表象することに特質と魅力があります。その表現に学ぶことは尽きません。その意義と魅力を未来に向かって伝えて行きたい名作です。

【註】

(1) 十巻から成る『明智軍記』の完本の初版は元禄一五年八月と考えられますが、九年半前の元禄六年二月には、その巻第五までの内容の五巻（六冊）の『明智軍記』が、京都の松葉屋次郎兵衛により出版されています。この版本は、名古屋市鶴舞中央図書館の特別集書の河村文庫に所蔵されています。元禄一五年の出版との刊記のある十巻本は、二木謙一校注『明智軍記』（新人物往来社、一九九五年二月）の「解題」に調査の成果として述べられているとおり、大きく三種に分けられますが、巻第三、巻第八のそれぞれ上、下に分けた全十二冊の体裁を持ちます。現存する版本のうちには、巻第六の途中でも分冊されている全十三冊の本もあり、東北大学附属図書館蔵本もそうです。なお、東北大学附属図書館蔵本について、先述の『明智軍記』の「解題」に、巻第二が欠本であり、全十二冊が現存する旨の報告がなされていますが、現況では、巻第二も存し、全十三冊すべてが東北大学附属図書館に所蔵されています。

(2)

近時も、二〇二〇年一月からの「NHK大河ドラマ　麒麟《きりん》がくる」のテレビ放映もあって、明智光秀の事績を考察対象にした書がたいへん盛んに刊行されていますが、本章の考察は、歴史上の光秀その人ではなく、『明智軍記』という作品の記述を検討対象として、その記述の文学史、文化史における意義を明らかにしようとするもので、目的を異にしています。ただし、『明智軍記』の記述の特質を捉える上で、光秀についての多様な考究に学ぶことは少なくありません。ここに、参考文献として、最近の数年の間に刊行された、光秀その人にかかわる書の一部を挙げたいと思います。

柴裕之編著『図説　明智光秀』（戎光祥出版、二〇一九年一月）、柴裕之編著『シリーズ・織豊大名の研究　明智光秀』（戎光祥出版、二〇一九年六月）、小和田哲男『明智光秀・秀満』（ミネルヴァ書房、二〇一九年六月）、高橋成計『図説　日本の城郭シリーズ　明智光秀の城郭と合戦』（戎光祥出版、二〇一九年八月）、渡邊大門『明智光秀と本能寺の変』（ちくま新書、二〇一九年八月）、綿抜豊昭『明智光秀の近世—狂句作者は光秀をどう詠んだか—』（桂書房〈桂新書〉、二〇一九年九月）、金子拓『信長家臣明智光秀』（平凡社新書、二〇一九年一〇月）、小泉三申『明智光秀』【再刊】（岩波文庫、二〇一九年一〇月）、藤田達生『明智光秀伝　本能寺の変に至る派閥力学』（小学館、二〇一九年一一月）、窪寺伸浩『明智光秀の原像』（あさ出版、二〇一九年一一月）、早島大祐『明智光秀　牢人医師はなぜ謀反人となったか』（NHK出版新書、二〇一九年一一月）、諏訪勝則『明智光秀の生涯』（吉川弘文館、二〇一九年一二月）、二木謙一校注『明智軍記』【再刊】（ＫＡＤＯＫＡＷＡ、二〇一九年一二月）、『現代思想 第四七巻第一六号 総特集 明智光秀』（青土社、二〇一九年一二月）、小和田哲男監修『ＮＨＫ大河ドラマ 歴史ハンドブック 麒麟がくる～明智光秀とその時代』（ＮＨＫ出版、二〇二〇年一月）、井上章一・呉座勇一・フレデリック・クレインス・郭南燕『明智光秀と細川ガラシャ 戦国を生きた父娘の虚像と実像』（筑摩選書、二〇二〇年三月）、渡邊大門編『考証 明智光秀』（東京堂出版、二〇二〇年六月）、村上紀夫『江戸時代の明智光秀』（創元社、二〇二〇年八月）、福島克彦『明智光秀 織田政権の司令塔』（中公新書、二〇二〇年一二月）、呉座勇一『戦国武将、虚像と実像』（角川新書、二〇二二年五月）第一章「明智光秀―常識人だったのか？」等。

(3) このことは、土田将雄「細川藤孝と明智光秀―『明智軍記』考―」（『上智大学国文学科紀要』第一号、一八八四年二月）でも既に指摘されています。また、福井県立一乗谷朝倉氏遺跡資料館編集・発行、同館古文書調査資料3『越前・朝倉氏関係年表』（二〇一〇年二月）にも、永禄五（一五六二）年九月とその前後に、朝倉氏が関与する戦闘があったという記載は見出せません。なお、『明智軍記』の、朝倉氏にかかわる他の出来事の記述の虚実を測る上でも、この年表を参照しました。

(4) 旅が人を成長させるという考えが現れる、日本での早い例としては、有名な御伽草子《おとぎぞうし》「ものくさ太郎」が挙げられるかと思います。そこには、「街道なんどを通るに、ことさら心つくなり」（街道などを旅すると特にものの分別がつくことになる）という言葉が見られます。これは、作中、信濃国の近在の人々がものくさ太郎を京への「長夫《ながぶ》」（長期の労役）に赴かせようと説得するために編み出した言葉の一つで、室町時代にこの考えが大きく広がっていたことの証《あかし》にはならないかと思いますが、たいへん印象深い表現でもあり、注目されます。なお、「ものくさ太郎」が現在でも多くのことを学べる作品であることついては、佐倉由泰「「縁」―御伽草子『ものくさ太郎』に学ぶ―」（座小田豊・尾崎彰宏編『今を生きる―東日本大震災から明日へ！ 復興と再生への提言―

1人間として』(東北大学出版会、二〇一二年三月)で、そのストーリーと表現に即して詳しく考察しています。

(5) 「朝倉家伝記」には、永禄七(一五六四)年三月二二日に、朝倉義景が亡父孝景の「十七年忌」を永平寺ではなく、「本宅」(一乗谷の居館)で営んだことが記されています。『明智軍記』は、こうした記録に周到に依拠しつつ、朝倉義景が同日に光秀を伴い、永平寺に参詣したという念の入った創作をなしているものと考えられます。『明智軍記』の虚構のあり方を考える上でも重要な記述です。なお、「朝倉家伝記」の本文は、福井県立一乗谷朝倉氏遺跡資料館編集・発行、同館古文書調査資料2『朝倉氏の家訓』(二〇〇八年三月)所収の翻刻に拠っています(二四一頁上段参照)。

(6) この歌は、『甲陽軍鑑』の版本で、「或人の云はく、信玄公御歌に」と紹介されていることもあって(酒井憲二解題『甲陽軍鑑 三』〈勉誠社、一九七九年三月〉巻第十二 三十一丁裏 参照)、武田信玄の言葉であるとの理解も広がっていますが、その記述でも「或人の云はく」とあるとおり、信玄の歌とは断言していません。しかも、この版本に先行すると考えられる『甲陽軍鑑』の写本には、当該歌についての記述自体がなく(酒井憲二編著『甲陽軍鑑大成 第一巻 本文篇下』〈汲古書院、四月〉四四八頁参照)、信玄の詠と見るのは難しいと思われます。

(7) この歌を、誰とは特定できない「古人」の「軍法の狂歌」と語る『明智軍記』の記述は妥当なのかも知れません。このことについては、古典遺産の会編『戦国軍記事典 天下統一篇』(和泉書院、二〇一一年一二月)の「明智軍記」の項(執筆担当は、利根川清氏)に的確な指摘がなされています。

(8) 『明智軍記』には、この飯尾新七のように、光秀が才知を披露する場面に、その場面の意義を際立たせる形で実にさりげなく登場する人物がいます。これまでにも言及した、巻第一に登場する青蓮華近江守景基、印牧弥六左衛門、鳥居兵庫助もそうです。このような人物の登場も、この作品の記述の目的と方法を考える上で注目されます。

(9) この偈に見られる順縁と逆縁の区別がないという認識は、『平家物語』巻第十一における平重衡《たいらのしげひら》の最期に臨んでの発言を想起させます。また、この偈は、『太平記』の日野資朝《すけとも》の最期（巻第二）、日野俊基《としもと》の最期（巻第二）、源具行《ともゆき》の最期（巻第四）の場面や、『朝倉始末記』の朝倉義景の最期の場面に見られる辞世の偈とも深いかかわりがあると考えられます。

(10) 松永久秀の事績を詳しく知り、その意味を考える上では、天野忠幸氏の著作『松永久秀と下剋上　室町の身分秩序を覆す』（平凡社、二〇一八年六月）がたいへん参考になります。

(11) ここで土佐光起の絵を失われた名宝に加えるのは適当ではありません。元和三（一六一七）年に生まれたとされる光起の絵が天正五（一五七七）年に失われるはずがないのです。これは単なる事実誤認でしょうか。光起は、元禄四（一六九一）年に亡くなっていますので、元禄一五（一七〇二）年刊行の『明智軍記』の作者には概ね同時代の人です。そうした誤りが起こり得るものなのか大いに疑問が持たれるところですが、『明智軍記』は、巻第一で、斎藤道三と道三を討った斎藤義竜の父子を、斎藤義竜と斎藤竜興の父子に取り違えているところもあり、これに関しては、土田将雄氏が、註(3)に挙げた論文「細川藤孝と明智光秀―『明智軍記』考―」で、江戸時代に見られる、事実とは異なる誤りをあえて交えて記述する「憚りの態度」かと推定しています。この土佐光起の絵への言及も、同様の記述と考えて、土田氏の指摘の意義をさらに検討することができそうです。そして、『明智軍記』の記述に即してその検討を行う場合には、世に対するはばかりを表すべく、わざと誤っているのか、また、そうすることで、史実を記すことを最たる目的とはしないという自書の本質をあえて垣間見《かいまみ》せているのか、といったことも考えたいところです。

(12) 列叙が世界の豊かさを語る表現であることについては、佐倉由泰「中世の列叙―世界を表象する知の祝祭―」（『文学・語学』第二二二号、二〇一八年五月）において、日本の中世のさまざまな文学作品の列叙を取り上げて詳しく論じましたが、その中で、この『明智軍記』巻第八上「松永弾正叛逆の事　附けたり　奇物焼亡の事」の列叙にも注目しています。

(13) 『国書総目録』（岩波書店）の『明智軍記』の項の記載、および、二木謙一校注『明智軍記』（本章の「はじめに」および註(1)に先掲）の「解題」の記述を参照しました。

(14) 「NHK大河ドラマ　麒麟がくる」で創出された明智光秀は、継承を明確に意識したか否かはわかりませんが、結果として、『明智軍記』が到り着いたこの「奇跡」を実によく受け継いでいると言ってよいでしょう。

スキャナー鑑定団
―架蔵「筆写本」は『狂歌文茂智登理』の広重自筆「稿本」だった―

高橋章則

2

スキャナー鑑定団
―架蔵「筆写本」は『狂歌文茂智登理』の広重自筆「稿本」だった―

高橋章則

はじめに　「板本」研究とコピー機

おおむね二〇〇〇年を境にカメラはフィルムからデジタルの時代へと移行し、カメラの進化にともなう記憶媒体の容量の拡大は写真の撮影や閲覧のありかたにも変化をもたらしました。

今回のテーマとなる江戸時代の「板本《はんぽん》」の撮影は、フィルムカメラの時代にあっては、紙焼きにするにせよマイクロフィルム化するにせよ、大きな経費が発生するところから、おのずと撮影箇所を厳選せざるを得ませんでした。ところが、デジタルカメラでは記憶媒体に初期投資しておけば撮影コマ数に比例するような経費は発生せず、資料に向き合う研究者は時間の許す限り多くの画像を確保すべく無我夢中に撮影するようになりました。そして、撮影後ほどなくしてパソコンに複製保存された画像データは自在に確認可能となり、所蔵先に眠っていた大部の「書物」の全体像を自宅で再

図1 『東海道名所図絵』1丁裏と2丁表

確認することも容易になりました。デジタルカメラの恩恵によって、一人の研究者が保有する資料画像の総量はフィルム・紙焼きの時代では想像もできないレベルになったのです。

しかし、その「板本」を撮影した膨大な画像データのほとんどは版面の水準が確保されていません。というのも、「板本」の撮影に際しては三脚を立てカメラを固定し、レンズと版面との平行を確保して撮影しようとするのですが、「板本」自体の平面の確保は困難を極めるからです。

「板本」の最初の表紙の一コマは平らな和紙半面であるのでさしたる問題がありません。しかし、次の画面は右が表紙一枚の厚さ、左は折られて倍になった六〇枚ほどと裏表紙を合算した厚さであり、左右が非常にアンバランスな状態です【図1】。左右の高低差は一センチ近くになります。一コマ撮影するごとに和紙二枚相当の高低差が減少し、中間部で左右が同じ厚さとなり、その後、左右の高低差が拡大してゆきます。一冊の「板本」の全版面を同じ高さに保つためには紙面をめくる度に左右の高低差を微調整する。それが理想的な撮影環境なのですが、一冊でおおむね三〇回にも及ぶめくりと高さの微調整、さらには左右の版面の反りを最小限にするためのガラス板の配置といった労力は語り尽くせません。左右の版面の反りや凹凸を無反射ガラスで覆うことにより解消し、平面を確保する場合も、左右の版面を別個の高さにフロートさせ水平を保つ機構でもなければ、作業の省略はできません。説明の便宜上、「微調整」と表現しましたが、左右の紙の厚さを調整するためには撮影する「板本」の用紙と同一の紙を二つ折りしたものを右・左に増減させてゆく必要があり、二〇〇年ほど前の「板本」に使われた紙と同質の紙を確保することはできませんから、調整自体は誤差が生じることを前提にしたものなのです。

調整作業をともなう撮影には膨大な労力が必要であり、調整したとしても誤差を内包しますから、左右版面の微調整の回数を省略したり、最初から高低差や凹凸・反りには目をつむりシャッターを切る、というのが「板本」撮影の実態なのです。

所蔵する個人の蔵などにうずたかく積み上げられ日の目を見ることが少なかった「板本」の地域史的・文化史的な意義や研究の可能性が評価され、書物・出版研究が隆盛を迎えている今日ですが、研究者が苦労して撮影した画像には左右高低差というどうしても避けられない誤差が伴うのです【図2】。

そうした撮影の限界を皆が認識しているため、逆に割り切って画像の量的確保を優先させ、画角をはじめとした撮影のフォーマットについては云々しないという状況が続いており、そうした個別

図2　福島県南会津郡南会津町伊南　大宅家蔵書

の利用以上の相互利用や共同資源化に耐える画像資料が少ない現状は一刻も早く改善されなければなりません。

では、相互利用や共有をも前提とすることが可能な未来に繋がる撮影データ作成時のフォーマットはどのように設定するのが望ましいのでしょうか。フォーマットには撮影条件全般に関係する諸側面がありますから、ここでは先の左右高低差を中心に論じることにします。

この喫緊の課題に答える糸口を提示しているのは、板本研究の泰斗である中野三敏氏の、豊富な板本調査に基づいた「コピー機」の有効性を説いた議論です。中野氏の提言は、多くの著書に散見しますが、書誌学の基本を説いた『書誌学談議　江戸の板本』「第一章　板本というものの性質」（岩波書店、一九九五年）（一九頁）に、丁寧に記されています。

筆者が何故このように板本のコピーの問題にこだわるのかといえば、書誌的な事柄の調査をする場合、コピーが出来ないのは致命的ともいえるほどの障害になるからである。それは特に、書誌調査の眼目ともいうべき刊と印と修の問題（第九章参照）を調べるためにコピーほど有効な手段はないからでもある。同一の板本の伝本相互の間の刊行時点や印刷時点の先後―これを初板や再板、初印本や後印本などという―を決定するためには、その二本を机上に同時に並べて、肉眼で判断するのが最も簡単かつ最良であり、またそれしか方法はないのだが（何故それしか方法はないのかについても後章で述べる）、一本がA図書館、もう一本がB図書館の蔵本であった場合、どちらか本を持ち出さない限り当然それは不可能事となる。そこで一本のコピーが許されれば、次善の策として、一本の原本の横にもう一本のコピーを並置することによって殆どの問題を解決出来る。それなら写真で良いだろうと言うのは、残念ながら素人考えで、この場合問題は板本として刻まれ刷られた文字や絵の一点一画の違いや、匡郭の線の切れ目の比較確認（第二章・第一節参照）がすべてなのであり、その場合、写真は殆ど役に立たない。何故なら写真は原寸大ではないからである。勿論極めて熟練して、俊敏鷹の如き眼力を持っていれば、それも可能かもしれないが、すべての研究者にそれを要求することは不可能であろう。原寸大にひき延ばせば良いとも言えようが、そのための技術とそれにかかる費用を考えれば、これも到底国文学者の現況ではおぼつかないこと言うまでもない。そんな事よりコピーが許されれば右のすべてがいとも簡単に解決するのである。

中野氏は「刊（板・版）」・「印（刷・摺）」・「修（補・訂）」という「板本」の比較研究にあたっては、カメラによって撮影され紙焼きされた資料はコピー機を用いたありふれた複製資料に及ばないことを具体的かつ明瞭に、そして断定的に論じています。

この見解は四半世紀以上前の、かつフィルムカメラを俎上にしたものですが、今日のデジタルカメラにあっても撮影の諸準備や手順に大きな変化はありません。とすれば、画像の共同資源化にあっては、コピー機に準じた撮影（読み取り）方法がスタンダードになり、フォーマットが設定されることが、「板本」研究に不可欠でありますが、見回す限りそうした流れは定着していません。

現に、日本の古典資料調査の中枢である国文学研究資料館が世界規模で展開している「日本語の歴史的典籍の国際共同研究ネットワーク構築計画」における「日本語の歴史的典籍のデジタル化に関するマニュアル　２０１８・３版」（四頁）も、撮影に使用する機器としては、「デジカメ」と「スキャナー」を指定し、デジカメの場合には二一〇〇万画素以上の撮像素子を満たし、単焦点のマクロレンズの使用を謳い、スキャナーについては、読み取りの解像度を４００ｄｐｉ相当とし、オーバーヘッド型のブックスキャナーの使用を指定しています。ここにコピー機に準じた撮影（読み取り）方法となる「フラットベットスキャナー」は掲げられていないのです。

一般に、現在普及しているスキャナーには大きく二つのタイプがあり、一つは「接触型」のフラットベットスキャナーであり、もう一つが「非接触型」のブックスキャナーです。撮影に起因する資料への負荷が考慮され、非接触型のブックスキャナーが奨励されるのです。

もちろん、一般的なデータベースの利用にあってはブックスキャナーによる画像でもさしたる支障はないわけですが、「板本」研究を念頭においた古典籍のデータベースの作成には原理的にはフラットベットスキャナーが最適です。巨大なコピー機を資料撮影に持参する人はいませんが、コピー機自体もデータ作成機能が備わったものがほとんどになり、いわゆる複合機（プリンター）にも同様の機能が備わっていますから、撮影マニュアルを考える場合、汎用性の高い接触型のスキャナーを前提にする方が現実的な判断であると考えます。しかも、フラットベットスキャナーのほうが断然、安価です。そして、中野氏が強調されたように、おおかたが懸念する撮影時の負荷にも「和本」は耐えます。課題にすべきは、撮影の回数を極力減らしつつ共同利用に耐える画像を作成することではないでしょうか。

　ということで、今回は「フラットベットスキャナー」を用いた「板本」研究の可能性を、『狂歌文茂智登理』という狂歌本を取り上げ開示します。

　この「板本」を取り上げるのは、⑴狂歌本が制作時点の異なる複数の版を持つ可能性が高く、「板本」の比較研究に適していること、⑵狂歌本にはしばしば挿絵が存在し、板本における文字比較にあわせて画像比較を許すこと、つまり文学研究と美術研究という学際研究に寄与すること、そして、⑶報告者の手元に『狂歌文茂智登理《きょうかもちどり》』の複数板本があるため（画像の公開が可能なため）です。

一．フラットベットスキャナー　―コピー機に替わるもの―

（一）「フラットベットスキャナー」とその「解像度」

「板本」研究において「コピー機」の有用さを手中にする必要性と、経験値に依存しがちな目視による「板本」比較という現状を打開するという研究の将来ビジョンに応える現有機器としてのフラットベットスキャナーの利用を推し進めるにあたって、当面の課題である撮影（読み取り）のフォーマットはどのように設定すべきなのでしょうか。

(1)読み取り解像度は原寸・４００ｄｐｉ相当とすること。
(2)階調は２４ビットフルカラーとすること。

これは先にも触れた国文学研究資料館がブックスキャナーにおいての推奨する数値です。彩色の少ない「板本」では(2)の階調は特に問題にする必要がなく準拠すべきでしょう。ただし、(1)の解像度については一考の余地があります。というのも、手元にあったエプソン社製の「GT-X830」という普及機と、ネットサーフィンによって見出した無料の「WINMERGE」というデータ比較ソフトを活用して「板本」の画像比較作業を行ってみたところ、４００ｄｐｉでは画像を数百倍で拡大した場合に判然としない画像になることがしばしばで、解像度の上方設定は不可避です。そして、何よりもフィルムの読み取りすら簡単に行う今日のスキャナーの解像度は普及機であっても６４００ｄｐｉと、現状の４００ｄｐｉでは逆に宝の持ち腐れの恐れがあります。どこまで数値を上昇させうるか、それが焦点です。

しかし、この解像度の上方設定はやっかいな問題をはらみます。スキャナーの読み取りに要する時間は瞬間を切り取るカメラと比較しようが無く、コピー機の数倍もかかります。Ａ４判ほどのサイズの「板本」は解像度を上げれば上げるほど読み取りの所要時間は長くなり、１２００ｄｐｉを超すと数分もかかります。これでは一般的な板本調査には応用できません。また、パーソナルコンピュータ上で画像分析ソフトを運用する際にも１２００ｄｐｉを超えた解像度ではパソコンの処理能力が追いつかずクラッシュすることもしばしばです。

調査時の撮影、諸機器の運用をも念頭に置いてフォーマットを考えますと、「８００ｄｐｉ」というのが現在の限界です。それなりの時間を費やした試行錯誤の経験からしますと、連続した読み取り、パソコンでの処理などで、ストレスの少ない解像度は国文研の推奨基準を若干引き上げて８００ｄｐｉが妥当と判断します。もちろん、今後のデジタル機器の性能向上にあわせて、この解像度の問題は改定されるべきでしょうが、試行錯誤の経験から得た暫定値での検証画面を以下ご覧ください。

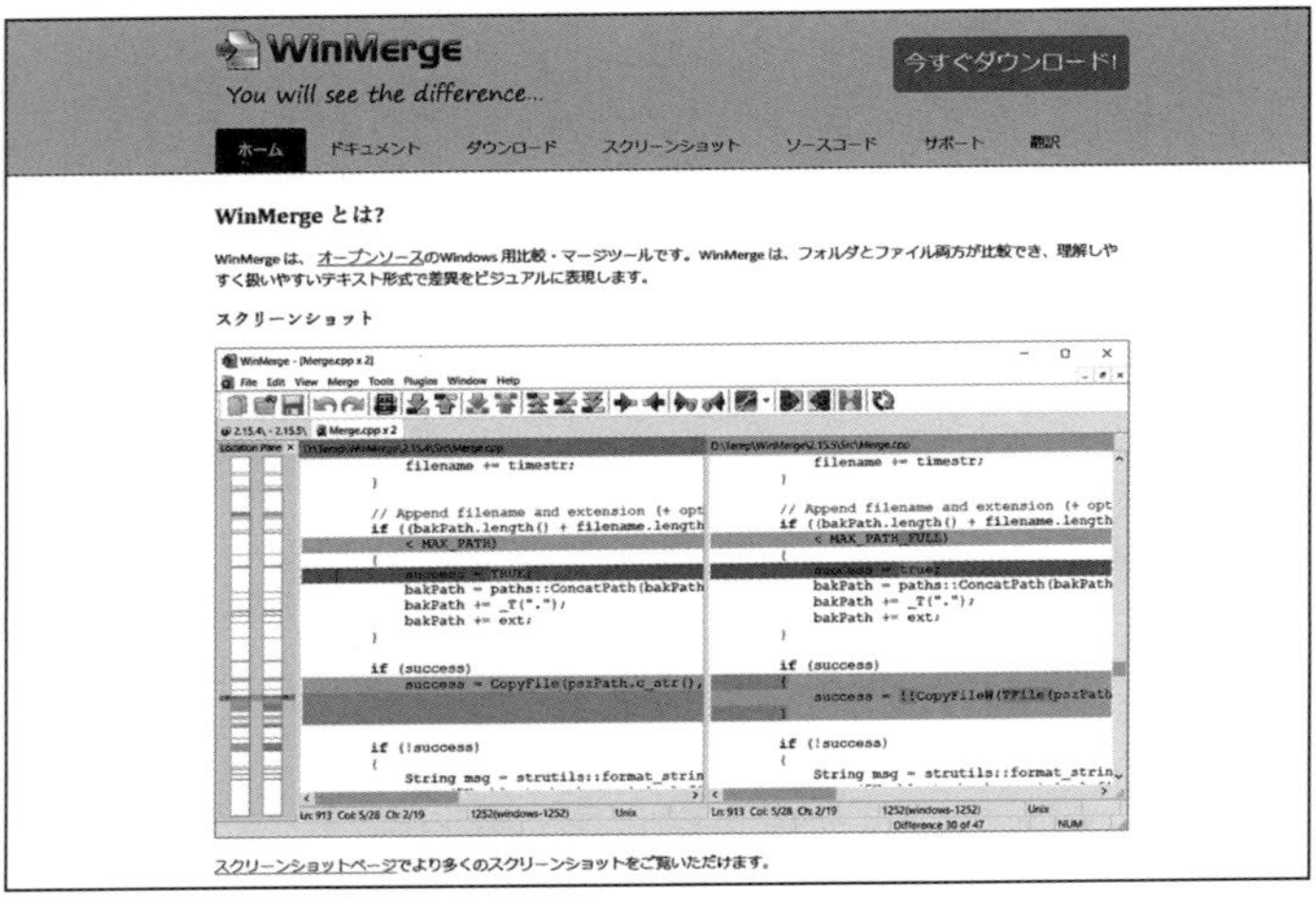

図3　「WINMERGE」トップ画面

(二)「板本」の画像操作に有効なソフトウェアー

(1)WINMERGE(フリーソフト)【図3】

画像の比較に用いるソフトウェアーが「WINMERGE」です。このソフトはWindows向けに開発されたもので多彩な機能があります。比較という点に限って言いますと、文字テキストはもちろんテキストを収納するフォルダーを比較してその差違をはっきりさせ、その上でデータを統合・融合することを可能にします。同種のソフトには有名なものがありますが高価です。金銭負担を伴わずに利用できること、ソフトのダウンロード・インストールにもさほどの時間を必要とせず、難しい操作なしに使用できることなど、利便性に優れていることは保証できます。

しかし、このソフトの眼目、また利用者の

ニーズは文字テキストの比較・統合にあるようで、これを積極的に画像の比較に用いている例は多くはなさそうです。というのも、画像比較にあたってはデータの密度(解像度)を完全に揃えておかないと大小異なる画面での比較となり、統合も難しいです。デジタルカメラを用いた比較はその意味からほとんど不可能です。

ところが、フラットベッドスキャナーを用いた「板本」の比較・解析の場合には、解像度さえ統一しておけば、数百倍の大きさで画像を比べることができます。彫りや摺りのごく些細な違いを簡単に指摘できるのです。専門研究者の「鷹の目」は必要ないのです。透過率を30パーセント程度に設定して透けて見えるようにし、画像を重ねると、画面に差違(コンピュータ用語では「差分」と言うらしい)が浮き立つのです。

ただし、画像比較にせよ、画像の重ね合わせにせよ、ほんの少しの誤差を見逃さないためには、画像の解像度ばかりではなく、その傾きを厳密に調整する必要があります。わずかな版面の傾斜も拡大されると単位面積や長さに正確に反映して差違と見なされますから平面の確保は絶対条件になります。まさにコピー機では可能ですがカメラでは絶対に不可能な撮影条件となっているのです。

(2)手軽になため直し(フリーソフト)【図4】

そうした比較画面の厳密な角度調整をものの見事に行うソフトウエアーが「手軽になため直し」です。画像の多角的な調整や角度調整を行うソフトにはやはり誰でもが知っている定番ソフトがあり、

図４　「手軽にななめ直し」トップ画面

それを使っても構わないのですが、経済的な基盤が不安定な研究者が無料で利用できるという点で、さらには角度調整に限定すると、〇・〇〇〇〇一単位で瞬時に修正することができる点で、他を凌駕するソフトです。推奨している画像処理のプロの人のなかには「神ソフト」と讃える人がいるほどで、インストールが秒単位でできることもお薦めできる理由です。

　以上で、「板本」を比較するための下準備ができました。撮影に際して、この二つのソフトウェアーを自在に活用するために８００ｄｐｉで読み取らせます。残念ながらＡ４判対応の我が愛機では「板本」半丁ずつの読み取りとなります。その所要時間は二分弱。全ての画像はこうして得られたものです。

二、『狂歌文茂智登理』

(一)『狂歌文茂智登理』の概要

検証素材となる『狂歌文茂智登理』は、編者である天明老人内匠《たくみ》と親しかった歌川広重が挿絵を担当し、広重最晩年の自画像【図5】が掲載されることから広重研究者から注目されてきた狂歌集です。しかし、本書には六朶園《ろくだえん》二葉《ふたば》による「序文」や「狂歌百人一首」という「扉題」の有無などの構成要素を異にする複数の「板本」があります。にもかかわらず細かな考證を経ずに利用されてきました。

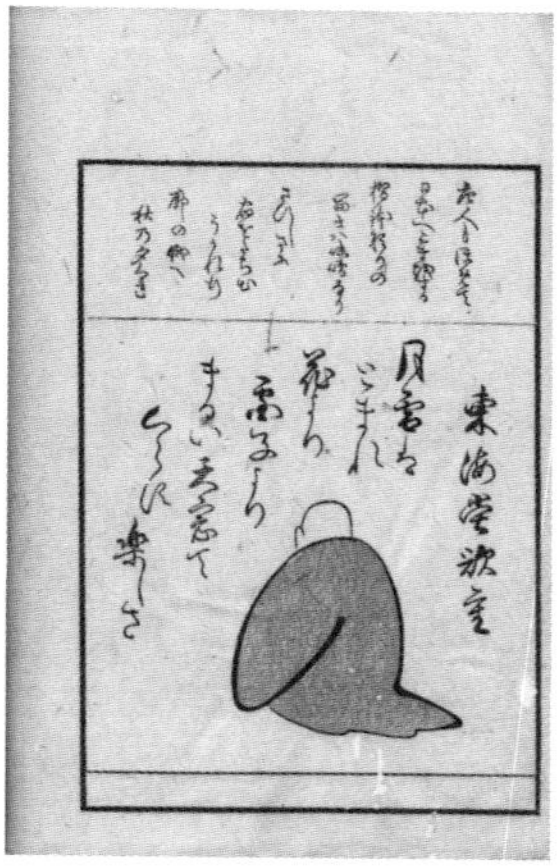

図5 『狂歌文茂智登理』46丁裏
「東海堂歌重(歌川広重)」

そうした諸本のあることに着目し整理を手がけたのが中野眞作氏であり、氏は六朶園の序を付して上梓されたのが「初板本」であり、のちに天明入道内匠が序文を除き、新たに「扉」を付し、立斎広重の狂歌絵本として売出した、という見解を示しました。そして、前者を「I本」、後者を「II本」と名付け、東北大学附属図書館蔵本をはじめとした板本五冊の系統整理を行いました。(「狂歌談譃手まえみそ―『狂歌文茂智登理』・『吾吟集』・『狂歌集要』―」『羽衣国文』12、平成一一(一九九九)年)

以下では、この中野氏の整理分類に従いつつも、新たに見つかった「稿本」と推定される「筆写本」一冊を含む架蔵本四冊等を加えてより詳細な分類を行うとともに、板本間の差違をスキャナーによる比較検証という方法で明らかにします。その上で、筆写本が広重の「自筆稿本」である蓋然性が高いという結論を導き出します。

（二）『狂歌文茂智登理』の成立事情

『狂歌文茂智登理』諸本の系統の再整理を行う前に、本書がどのようにして成立したのか、また新たに「扉題」が付け加えられた理由について触れておきましょう。

（1）六朶園二葉の「序文」

本書の成立を考える上で欠かせないのが、六朶園二葉が安政四（一八五七）年春に記した「序文」です。その末尾には次のようにあります。

尽語楼大人はそれらの人々にも親しく交り、今亦復古の志しを励ましを思ひ出に、つふりの光る箔屋町天明狂哥の看板に偽のなき長寿の老人、こたひ百首の催しも、ゑみこほれたる哥合、老にハならぬ百千とり耳新らしき春の囀り、めてたしとやいはん、また賑はしとやいはむ

安政四とせ巳の春

六朶園主人　しるす

本書の「撰者」である尽語楼内匠《じんごろたくみ》（「大人《うし》」）は大田蜀山人、宿屋飯盛、鹿都部真顔《しかつべのまがお》【図6】ら天明狂歌の主要人物たちと親しく交流し、狂歌の詠み様が変わってしまった安政の現在は理想とする天明時代への「復古」を志す長老格の人物である。今回の「百首」を撰ぶ催しもその復興活動の一環である。こう論じる「序文」の注目点は、『狂歌文茂智登理』が「歌合《うたあわせ》」を通じてまとめられることを明示したところにあります。

狂歌界における「歌合」とは点数評価を基礎にした秀歌選抜会のことで、ほとんどの場合、「評点」を付ける「撰者」が率いる狂歌グループ（「連」）の構成員が開催準備から作品集の刊行にわたる運営全般を取り仕切り、資金面でも応分の負担を行いました。本書の撰者である「尽語楼大人」が率いたのは江戸にあった「小槌連《こづちれん》」というグループであり、「百人一首」を模して開催されることを「序文」は謳ったのです。

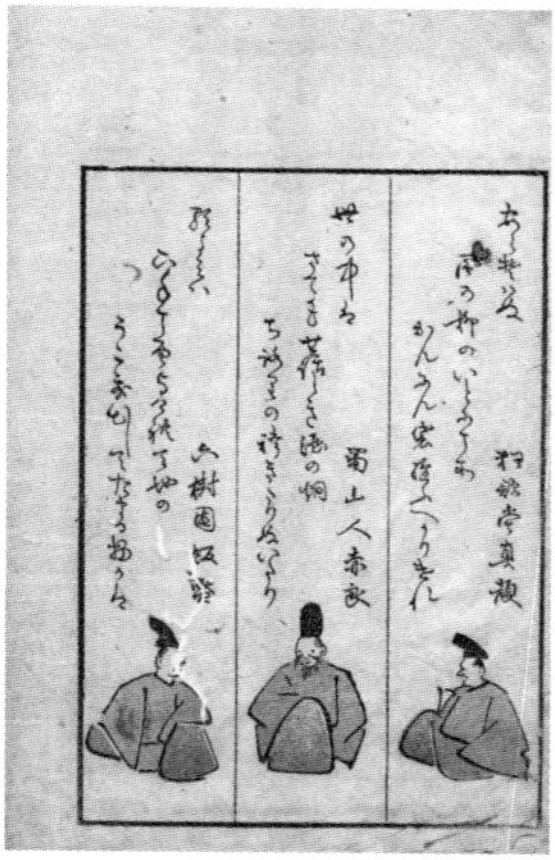

図6 『狂歌文茂智登理』三大人図

その「歌合」の結果として撰ばれた「百人」（初版段階で一一〇人）の作者の顔ぶれは、同時期に尽語楼が撰んだ『狂歌江戸名所図会』（安政六（一八五九）年）に近い小槌連色が強いものとなっていますが、様々な「連」からの著名作者の参加者も少なくなく、公開募集が行われた形跡が認められます。そのおおむね「百人」の作品は各作者あたり三首（上段二首、中段一首）であり、三〇〇首以上にのぼる掲載歌の題材は、『古今和歌集』の和歌で言えば四季・恋・雑の部立にわたるような広範な内容となっています。

　こうした「歌合」における作品は、「兼題広告」に予告された歌題（「兼題《けんだい》」）に応じたもので、指定された期日までに主催者のもとで取りまとめられ、「歌合」当日の聴衆を前にした「開巻」と呼ばれる会で「評点」付けされました【図7】。その会における優秀作を収めた「狂歌本」は単独の歌合の成果の場合もありますが、「兼題」を異にする同様の歌合を数か月連続して開催し、その複数会の成果がまとめられたものも多いです。『狂歌文茂智登理』は撰者が尽語楼一人で、しかもいろいろな季節のテーマが盛り込まれていますから、一度の「歌合」の成果というよりも、複数会の撰歌の成果をとりまとめたと考えるのが妥当です。

　『狂歌文茂智登理』が複数の「兼題」のもとに数か月かけてまとめあげるいわゆる「月次《つきなみ》歌合」方式で作り上げられたと見ることが許されますと、本書の成立時期は「序文」が記された安政四（一八五七）年春から数か月後の秋もしくは冬となります。「歌

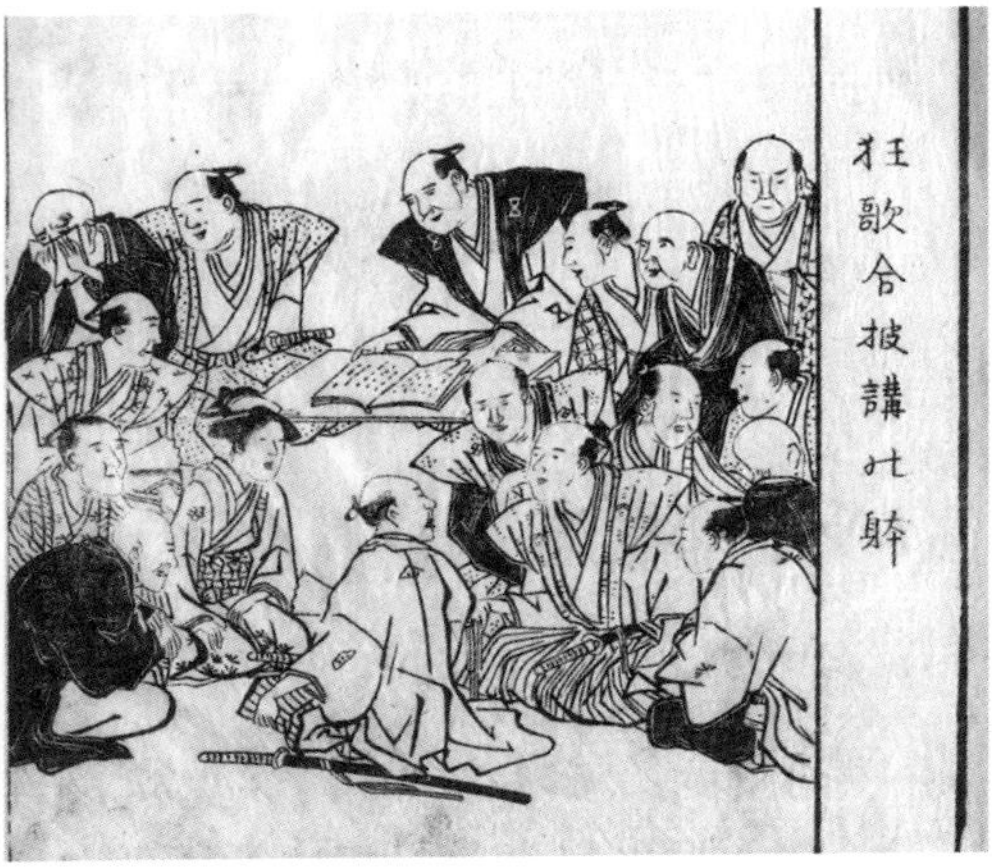

図7　「狂歌合披講の体」
（六樹園飯盛撰『狂歌百人一首』文化6（1809）年）

合」で選抜された「百人」の代表作一首と関連する二首を選び、広重が描く百人余の肖像画とマッチングさせる作業が一挙に行われたようには思われませんから、やはり安政四年の秋ないし冬が成立時期ではないでしょうか。

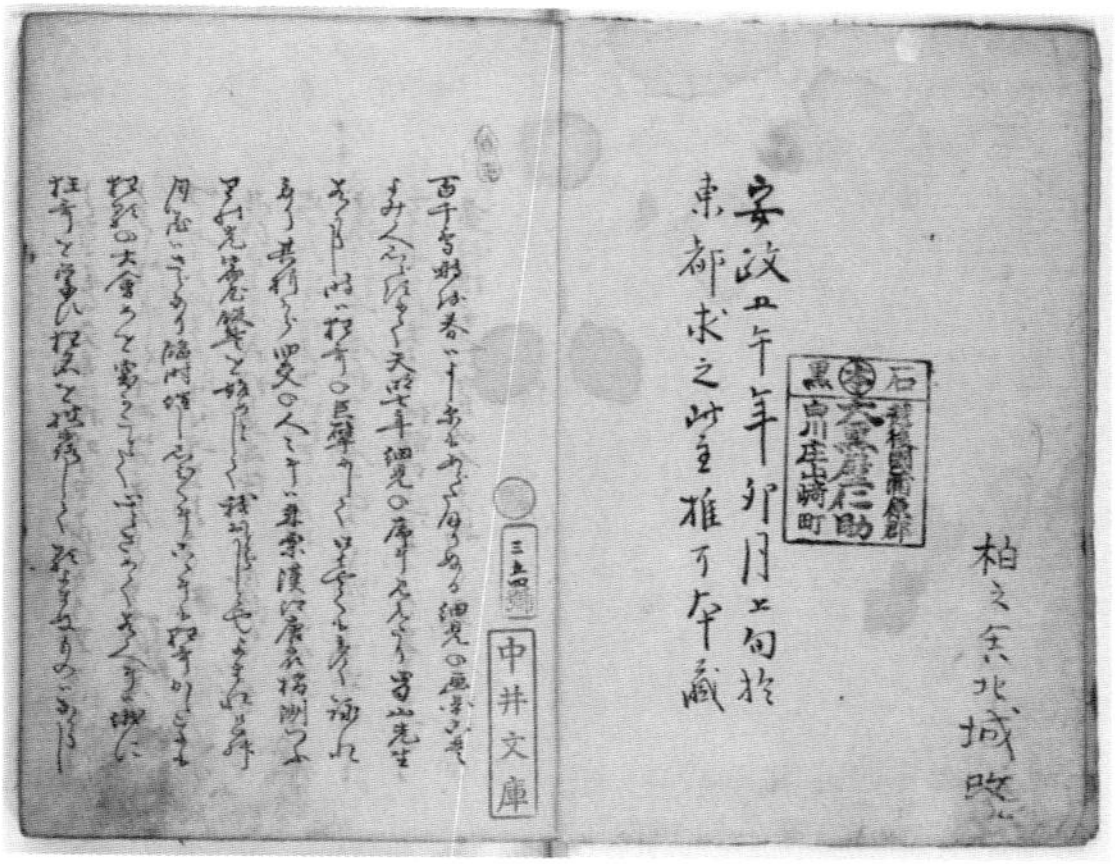

図8　越後国蒲原郡白川庄山崎町大黒屋仁助の「蔵書印」・「書き入れ」（中井文庫蔵）

ところで、こうした刊行年の下限決定の参考になるのが奈良県御所《ごせ》市にある中井文庫の蔵本です。後の系統分類に示しますように、中井本は『狂歌文茂智登理』の「I本」しかも「初板本」と位置づけられるもので、それは安政五（一八五八）年四月に越後国蒲原郡白川庄山崎町（現在の新潟県阿賀野市山崎）から江戸に赴いた「大黒屋仁助」が購入したもので、巻末には「東都求之」の書き込みがあります【図8】。『狂歌文茂智登理』は安政五年春までには確かに刊行されていたのです。残念ながら、前年に刊行されたのか、この春に刊行されたのかを絞りきることができませんが、江戸期の「板本」とくに狂歌本のような同好者向けの出版物には刊年が記されないものも多く、刊行時期を確定するためには、出版過程の分析や書き入れの収集などを地道に行うしかありません。もどかしくはありますが、これが書物研究の一種の醍醐味でもあります。ともあれ、『狂歌文茂智登理』は「歌合」開催から一年以内に出版されたのです。

（2）「狂歌百人一首」という「扉題」

こうして安政五年春前までには上梓された『狂歌文茂智登理』でありましたが、刊行後ほどなくして内容に手が入れられています。改訂が施されているのです。それを明示するのがII本の「狂歌百人一首」という「扉題《とびらだい》」です。

I本・II本どちらの刊本にも共通して『狂歌文茂智登理』という題簽《だいせん》が糊付けされています【図9】。

図9 『狂歌文茂智登理』題簽

その「文茂智登理」は「百千鳥」の万葉仮名表記であり、収録した一〇〇人の狂歌作者をさえずる百羽の鳥に喩えた愛称的な命名です。II本で追加された扉題の「狂歌百人一首」は同じ意味の普通名詞で、同名の狂歌本は江戸時代を通じて三〇種ほど刊行されています。『狂歌文茂智登理』という題名があるにもかかわらず『狂歌百人一首』という汎称を付け加えたのはどうしてでしょうか。

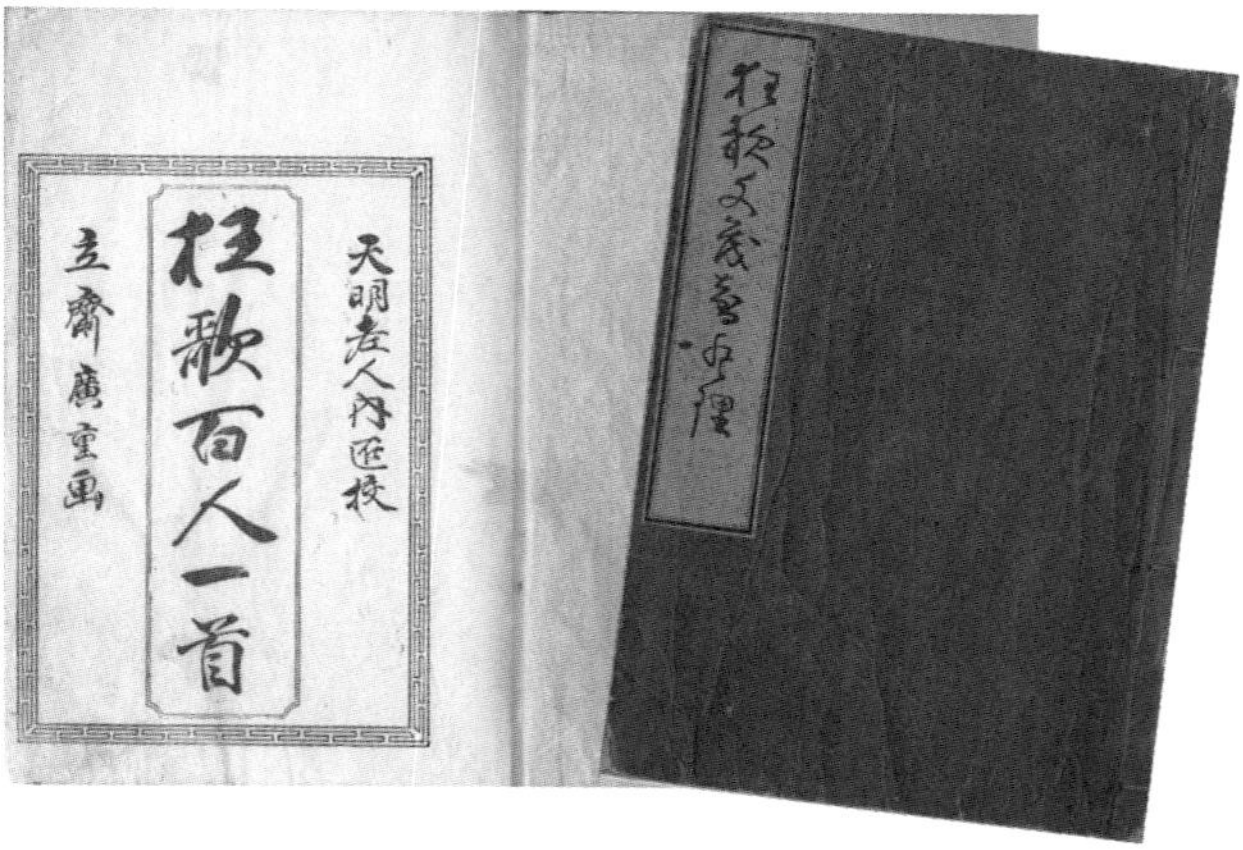

図10　「扉題」と表紙（Ⅱ本）

「板本」の題名には表紙に貼られた題簽から知られる「外題《げだい》」、本文中に記された「内題《ないだい》」などがあり、それらが異なる場合が珍しくありません。それは中野氏が「板本書誌学」における検討の重要局面とした「刊・印・修」の「修」に関わるもので、「改題して新板らしく装うために、外題・序題・内題・尾題・柱題などを補修する」（前出書二七二頁）つまり「板本」の装いを新たにして需要を再喚起する際に複数題が掲げられることが多いです【図10】。

『狂歌文茂智登理』の場合には、「狂歌文茂智登理（外題）」という題簽を残しながら「狂歌百人一首（内題）」を付け加え、まさに「新板」として登場させたのです。はじめは「小槌連」の「歌合」の成果として刊行され、その後、一般販売用の新装版として再刊行されたのであり、実は「扉題」の冒頭には「天明老人内匠校」と、他ではあまり見られない「校」という文字を使って校訂・校閲に比重を置いた新装版であ

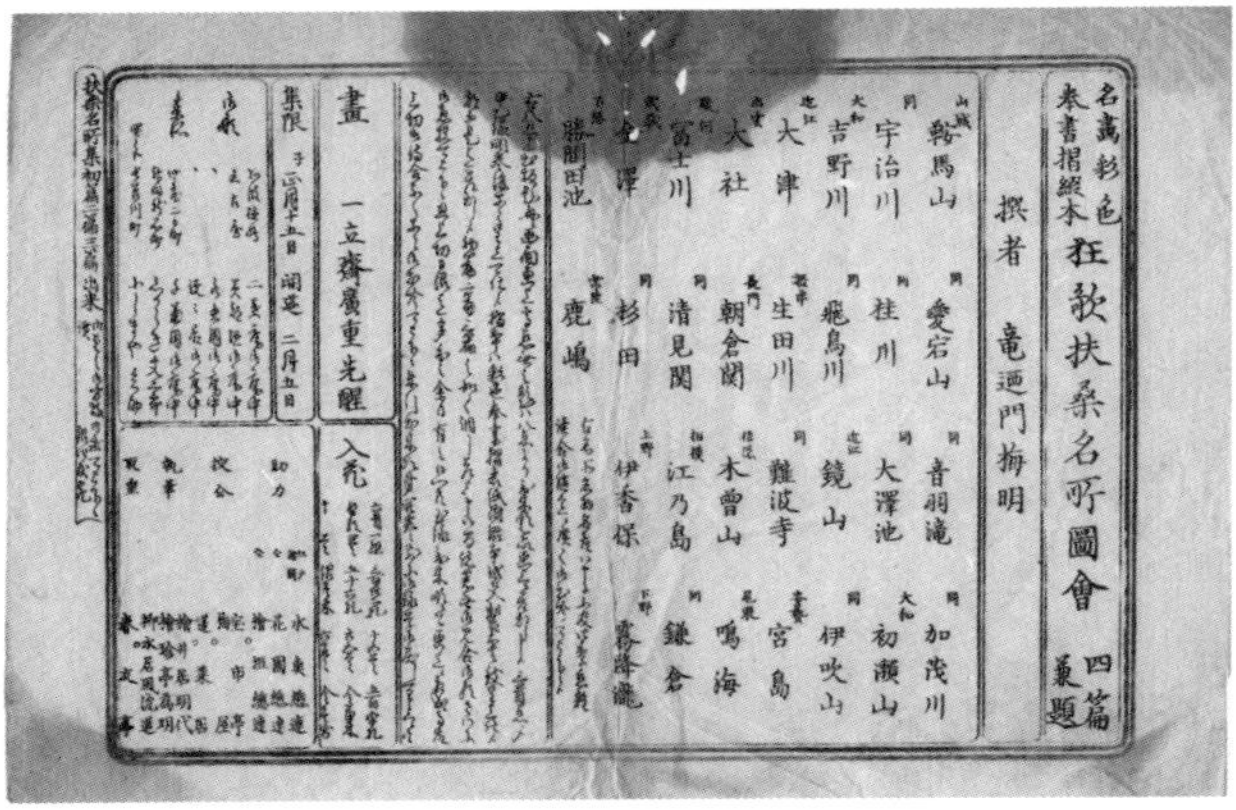

図11 「名画彩色奉書摺綴本狂歌扶桑名所図会四篇兼題」には「一立斎広重」を「画工」として明示する

ることが明示されているのです。さらに「扉題」に「立斎廣重画」と付け加えることにより、新規の需要を開拓すべく出版情報が提供されているのです。これから行うスキャナーとソフトウェアーを活用した板本の比較は、まさに天明老人の宣言した「校」、板本研究における「修」の実態を詳細な画像をもとに提示することを目指すものです。

ちなみに、「歌合」を通じて狂歌本を作成する際には「兼題広告」に画師名を予告する場合が多いです【図11】。当然、参加者は画師の挿絵のあるページに併載されることを目標にして秀歌制作に勤めます。特に「百人一首」「五十人一首」「画像集」「水滸伝《すいこでん》」などの題で「歌合」を行う場合には入撰者の肖像が描かれることが前提になっていますから、画師が誰であるかは参加意欲・制作意欲に関わることでした。

六朶園の「序文」は画師名に言及していませんから、安政四年春の段階では画師が確定していなかったのかもしれません。しかし、撰者天明老人と懇意で、被災した内匠と一時同居していたとされる広重が自身の狂歌作品を寄せていることから見て、挿絵を広重が担当することは「歌合」関係者や参加者は了解していたと考えられます。また、出来上がった『狂歌文茂智登理』を見れば『草筆画譜《そうひつがふ》』（嘉永元（一八四八）～嘉永四年）以来、描き続けている「草筆」の肖像画であることが一目瞭然で、ことさらに画師名を記しとどめる必要もなかったと思われます。

ただし、多色摺の豪華な体裁をとる『狂歌文茂智登理』の出版経費は相当額に上ったはずであり、「版権」を有する小槌連関係者もしくは特定の資金提供者（蔵板者）や後に「版権《はんけん》」を購入した「板元《はんもと》」などが再板しようとするならば、経費回収のための手立てを構え、商品価値を高める必要がありま す。「立斎廣重画《りゅうさいひろしげが》」と記される扉題はそうした経済的な要請に応えるものだったのです。

一方、撰者尽語楼内匠を称揚する「序文」は狂歌連関係者には魅力的かもしれませんが販売流通を目的とする絵入狂歌本の場合には「歌合」への参加を促すような「序文」は必ずしも必要ではありません。それよりも重要なのは、有名画師名であり「百人一首」という一般受けする書名です。そういった販売戦略を「扉題」の「校」や「画」は担っていたのです。

（3）「歌合」の開催と作品集の刊行

「歌合」と「連」の関係、狂歌本の刊行や流通についての説明が急ぎ足になりました。また、「歌合」の開催についてもう少し説明したいことがありますので、小括の意味を込めつつ当時の用語を交え

表1　月次の「狂歌集」ができるまで

募歌	・①「広告」（一枚摺）発送……「兼題」・撰者・画工・受付期日・撰評日・「入花」・発送先などの告知 ・集約（「取次」・「集所」）……全作品の取りまとめ ・*＜応募地名表記の正確さ＞作者の所在地の可視化が可能*
撰評	・②「開巻」（撰・評）……「判者」（教授資格者）による点付 ・③「当座」（選・評）……准「判者」による即興題への点付
出版	・④「甲乙録」（成績一覧表）の印刷、画工への挿絵の依頼 ・⑤「月次狂歌集」の作成と発送 ・　※「月次狂歌集」第一巻（2月開催分）～第十巻（11月開催分）年間10冊刊行が基準 ・*＜毎月開催・刊行＞定時性が史料化のポイント*

て補足しておきましょう【表1】。

「歌合」にもとづく狂歌集の制作にあっては、歌合開催にともなう「兼題広告」の発送や「撰歌」（「開巻《かいかん》」とも言う）の会場、たとえば料亭の大広間の確保や、歌合で付けられた点数を一覧表にまとめた成績表である「甲乙録《こうおつろく》」（番付）と作品集（「狂歌本」）の出版とそれら数種の出版物の発送にかかわる諸般の経費（「雑費」）など、多大な経費が発生します。そうした歌合の開催にともなう経費の主要部分は先にも論じたとおり開催する「連」の関係者が負担し、参加者からも応募作品数に応じた参加費（「入花《にゅうか》」）を徴収し、全体の経費を賄いました。ちなみに作品撰集は成績優秀者つまり作品掲載者には褒美として無料で配布されます。このようにして「歌合」をもとにした狂歌集刊行が完遂し、第一次的な目的は果たされるのです【図12】。

その後に出版される再版本は、狂歌集の板木の

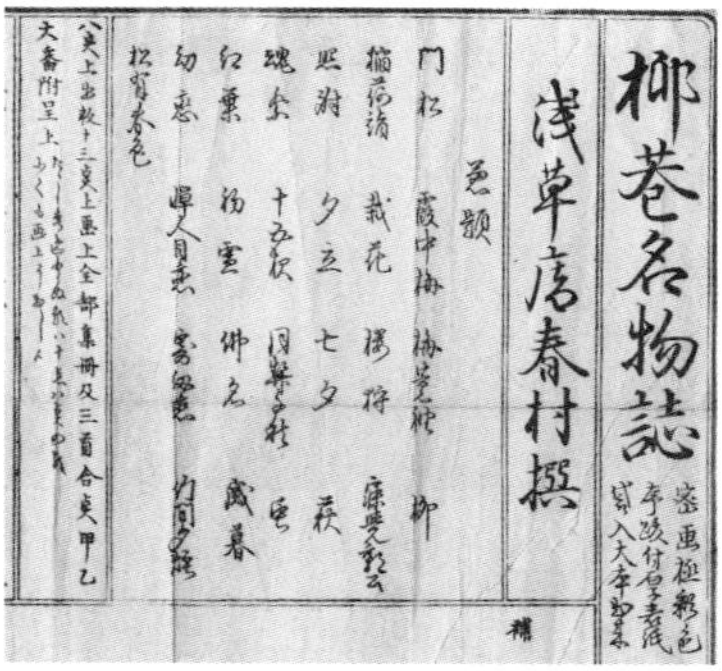

図12　浅草庵春村撰『柳巷名物誌』の「兼題広告」には「高得点者は挿絵画のページに作品を掲載すること、成績表を進呈することを謳う

所有者（＝蔵板者）たとえば連内の資金提供者の同意のもとに印刷され販売されます。もしくは彼ら蔵板者から版権を購入した出版書肆（＝版元）により随意に販売され、いわゆる「売本《うりほん》」となるのです。『狂歌文茂智登理』もそうした二段階の出版過程を経て世に出たのであり、「狂歌百人一首」の扉題のあるものはそのうちの二次的な刊行物ということになります。

（三）『狂歌文茂智登理』の諸版

さて、『狂歌文茂智登理』の諸本の系統整理を新たにまとめ直したのが【表2】であり、整理のポイントは次のようなものです。

(1) 序文と扉題の有無（中野氏検証）
(2) 口絵の「六樹園飯盛」の作品が「歌よみハ」か「歌よみの」のいずれか（中野氏検証）
(3) 5丁裏の「六朶園二葉」の作品が「日の本は〜」か「「茶や女〜」のいづれか
(4) 18丁・19下丁が存在するか否か（中野氏検証）

表2-1 『狂歌文茂智登理』諸本の系統の整理

- （Ⅰ） 六朶園二葉の序文「安政四とせ巳の春」あり（題箋『狂歌文茂智登理』）
- 　① 序末口絵、六樹園の作品が「歌よみハ～」※
- 　② 5丁裏、六朶園二葉の作品が「日の本は～」
- 　④ 46丁裏、東海堂歌重の作品が「～味噌なり」（ぼかし無）
- 　⑤ X系）50丁目「竹斎直臣・月迺屋照好」　…………東洋大B本、中井本、架蔵Ⅰx本
-
- 　⑤ Y系）50丁目「桧園梅明・宝市亭黄金升成」…………狩野本、古典文庫本、梅茶亭文庫本※、三康図書館本※、架蔵Ⅰy本
- 　④ 46丁裏、東海堂歌重が「～味噌なり」（ぼかし有）狩野、（ぼかし無）Ⅰy

- （Ⅱ） 序文なし（扉題『狂歌百人一首』、題箋『狂歌文茂智登理』）
- 　① 口絵、六樹園の作品が「歌よみの～」※
- 　② 5丁裏、六朶園二葉の作品「茶や女～」
- 　③ 41丁表、俳道堂引也、同裏軒月楼梅香の上段作品が逆転
- 　④ 46丁裏、東海堂歌重が「～味噌けに」（ぼかし有）
- 　⑤ Y系）50丁目「桧園梅明・宝市亭黄金升成」（色板変更）
- …………国会本、九大富田文庫本、東洋大A本、跡見女大本、慶大本、岩瀬文庫本、大阪府中央図本、芸大脇本A本、同B本、梅茶亭文庫本※、架蔵Ⅱa本、Ⅱb本

- ※中野眞作（1999）が触れる

表2-2 『狂歌文茂智登理』諸本の系統の整理（表）

分類	題箋	扉	序文	六樹園	六朶園	歌重	18・19下	41丁表 41丁裏 上段	50丁表	50丁裏	50丁作者 所属連	総丁数	成立順
Ⅰ本 X系	狂歌文茂智登理	―	○	ハ	日の本は	なり	○	△ 天秤 別れ	竹斎直臣	月迺屋照好	小槌連	57丁半（肖像画55丁半）	1
Ⅰ本 Y系	狂歌文茂智登理	―	○	ハ	日の本は	なり	○	△ 天秤 別れ	桧園梅明	黄金升成	小槌連／檜垣連・宝連長を含む	57丁半（肖像画55丁半）	2
Ⅱ本 狂歌百人一首	狂歌文茂智登理	天明老人匠校 狂歌百人一首 立斎広重画	―	の	茶や女	けに	―	□ 別れ 天秤	桧園梅明	黄金升成	小槌連／檜垣連・宝連長を含む	54丁半（肖像画53丁半）	3
備考			六朶園二葉作	六樹園飯盛作（口絵）	六朶園二葉作	東海堂歌重作	⑱ 山路廼面喜・緑樹園元有 ⑲ 弥生庵・弥重の舎菊枝	表 俳道堂引也 裏 軒月楼梅香				Ⅰ本系 口絵3像 本文111像 Ⅱ本系 口絵3像 本文107像	

⑸41丁表・裏上段の「俳道堂引也《はいどうどうひくなり》」と「軒月楼梅香《けんげつろううめか》」の作品が「天秤《てんびん》に～」に始まるか「別れ路《じ》の～」に始まるか

⑹46丁裏の「東海堂歌重《とうかいどうたしげ》」の作品の末句が「味噌なり」か「味噌けに」のいずれか。あわせて歌重の着衣にぼかしがあるかいなか。

⑺50丁表裏の作者が「竹斎直臣《ちくさいなおおみ》・月廼屋照好《つきのやてるよし》」か「檜園梅明《かいえんうめあき》・黄金升成《こがねますなり》」のいずれか。

　この内の⑴⑵⑷は既に中野眞作氏が検討された点、⑶と⑸以下が今回新たに差異が見つかった箇所です。以上の七点を勘案して諸本を分類しますと、まずは中野氏が示した「Ⅰ本」・「Ⅱ本」の二大区別がやはり成り立ちます。その上で、⑺については異なる二本があり、それが「Ⅰ本」の系統に収まると指摘できます。つまり、従来「初板本」と見做されてきた五〇丁表裏に「檜園梅明・黄金升成」が収められた「板本」に先だって「竹斎直臣・月廼屋照好」が収められたものが存在します。東洋大学所蔵本、中井本と高橋架蔵本がそれであり、それが「初板本」とすべき「板本」です。混乱を避けるため、今回新たに「初板本」であると認定したものを「Ⅰ本X系」と呼び、従来Ⅰ本と整理されてきたものを「Ⅰ本Y系」と呼称します。

　すると、『狂歌文茂智登理』は、まず「Ⅰ本X系」が出来上がり、その50丁が掲載した撰者周辺の作者から檜園梅明・黄金升成という著名作者に変更した「Ⅰ本Y系」へと修正され、その後、さらなる修正が加えられたⅡ本へと推移したのです。

以下、この校訂（「修」）の代表例を四点に整理して説明します。

三.『狂歌文茂智登理』の分析

（一）「ハ」から「の（能）」—「入木」の実際— 扉絵

さて、『狂歌文茂智登理』から『狂歌百人一首』への変貌のうちで、天明老人内匠の「校」に関わるのが文字の修正です。中野氏が指摘したⅠ本の序文の裏、Ⅱ本の場合には扉題の裏に当たる六樹園飯盛の代表作「歌よミハ　下手こそよけれ　天地の　うこ《ご》き出《いだ》して　たまる物かは」の初句はⅡ本では「歌よミ能《の》」となっています。この「ハ」から「能」への変更は目視でも容易に確認できます【図13】が、WINMERGEを用いて画像を重ね合わせますと【図14】、「ミ」字から「ハ」字に移行する途中で線が途切れ、新たに「能」の文字が彫り込まれていることが明瞭になります。いわゆる「入木《いれき》」の跡がデジタル画像の重ね合わせ（マージ）により一目瞭然となります。

（二）狂歌作品の変更にともなう画面の乱れ—六朶園二葉の代表作—

5丁裏は「序文」の作者六朶園二葉の作品三首です。その中心作品は『狂歌人物誌』が「皆人よく知

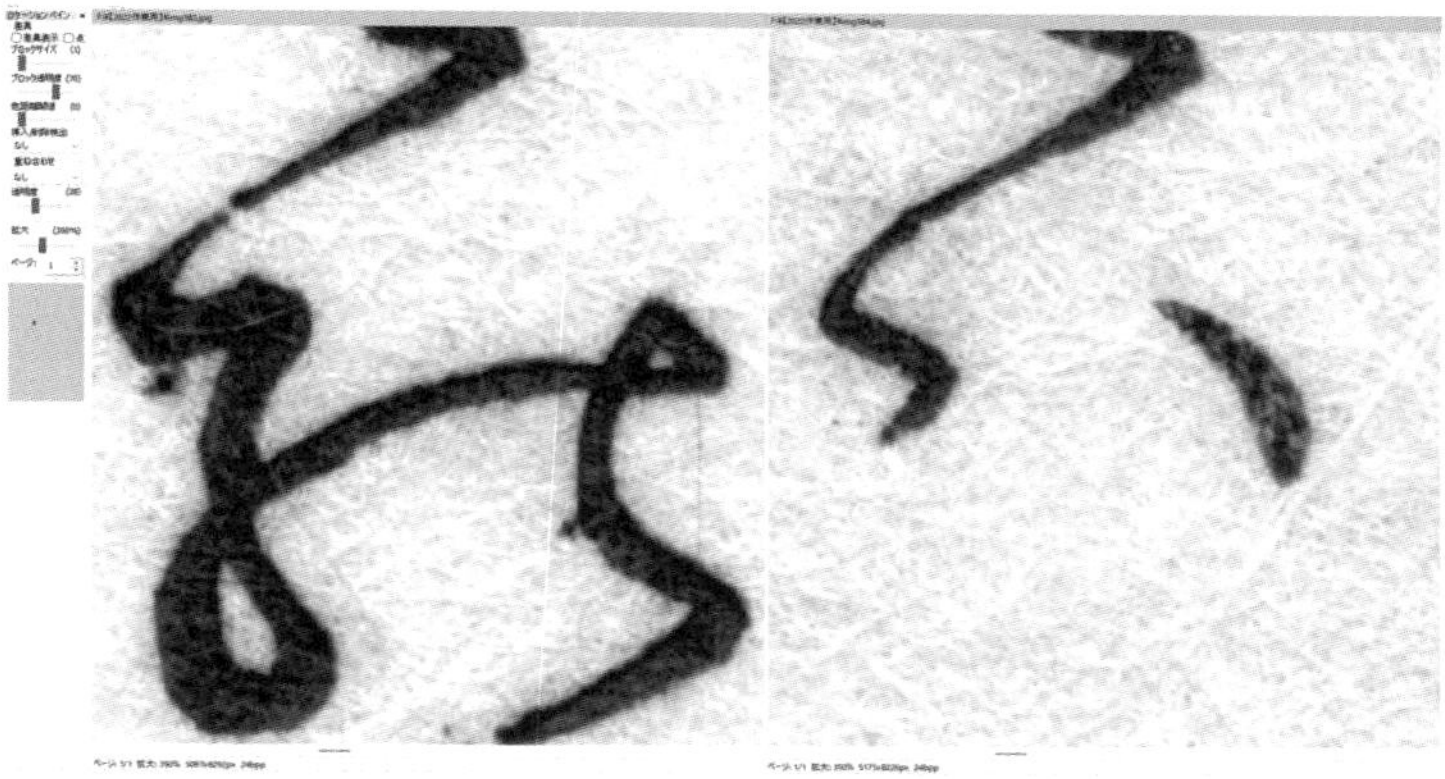

図13　左「Ⅱ本」・右「Ⅰ本X系」。図6参照。

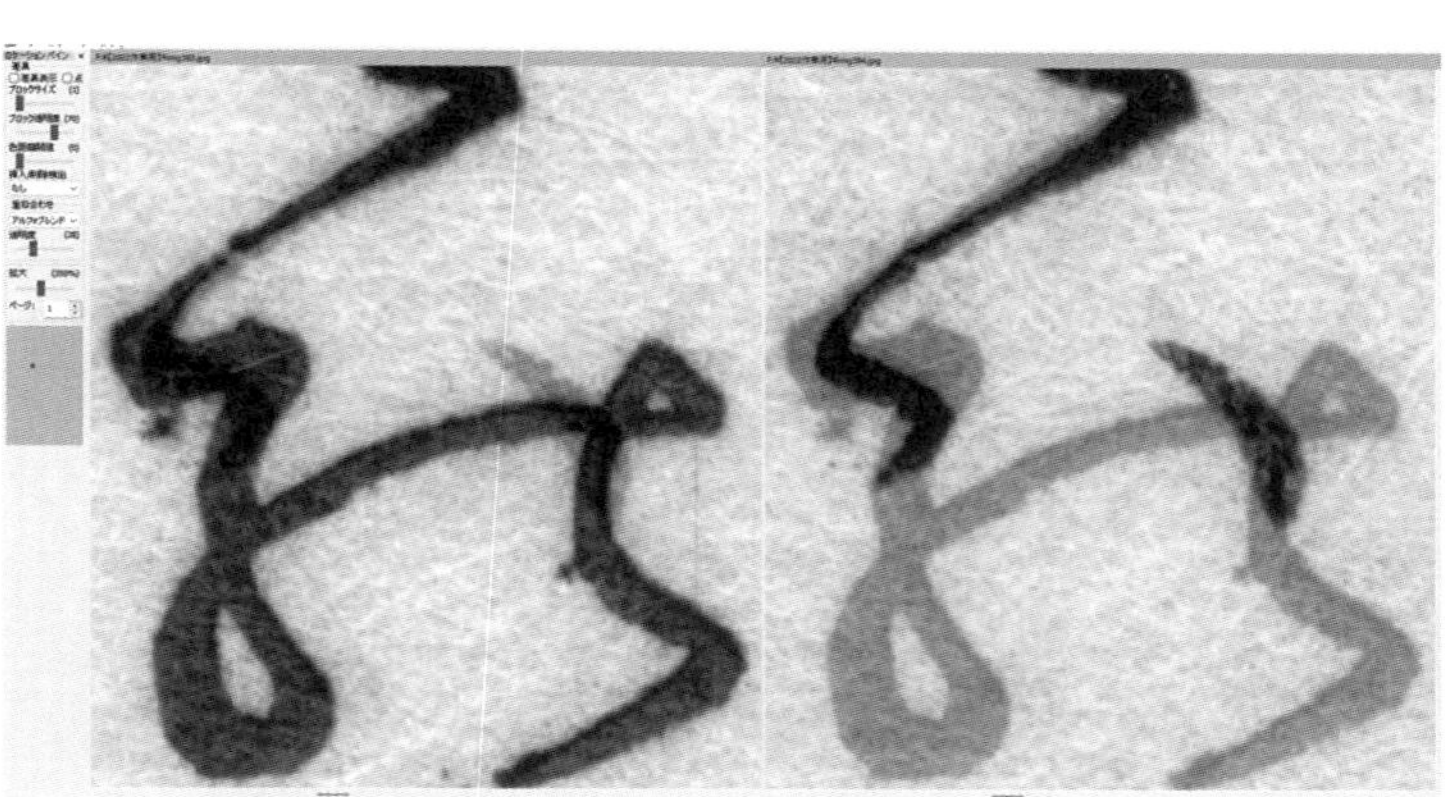

図14　「八」「能」を重ねた画像（拡大率350%）上に
「入木」の痕跡が見える

茶や女市には化粧ひ杉手桶
しらた赤みも見する目ほかし

日の本は岩戸神楽のむかし
より女ならでは夜のあけぬ国

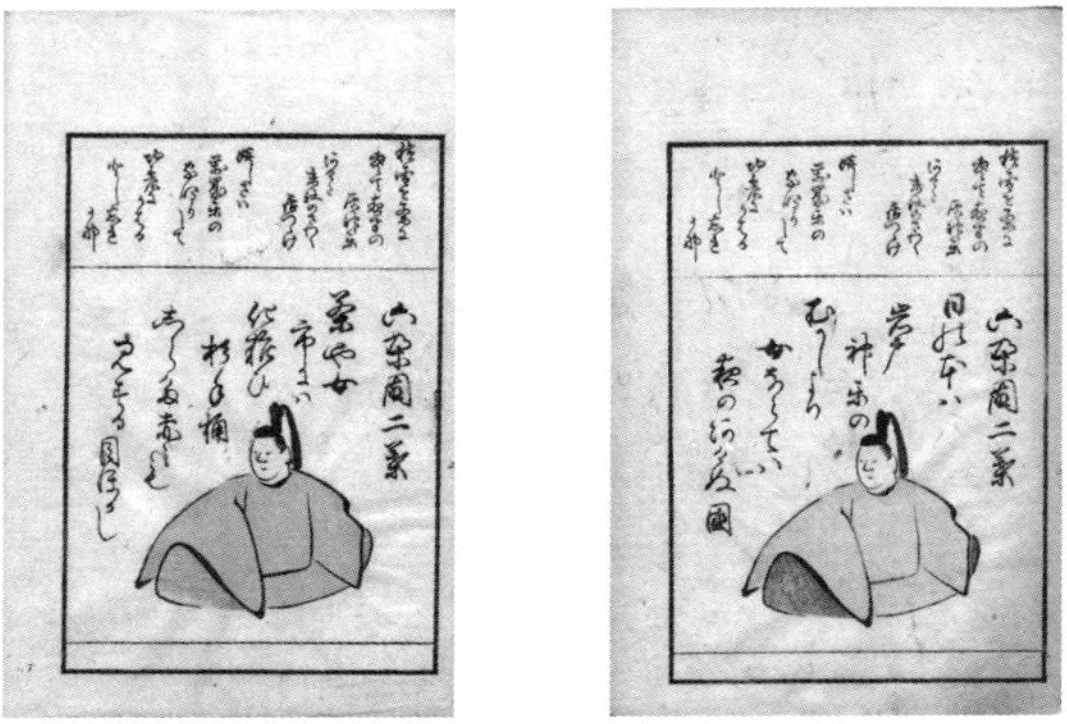

**図15　六朶園二葉「5丁裏」（「Ⅱ本」と「Ⅰ本X系」）
主要作品の変更**

**図16　「Ⅱ本」における版面の乱れ……
字板変更の影響（架蔵Ⅱa・Ⅱb）**

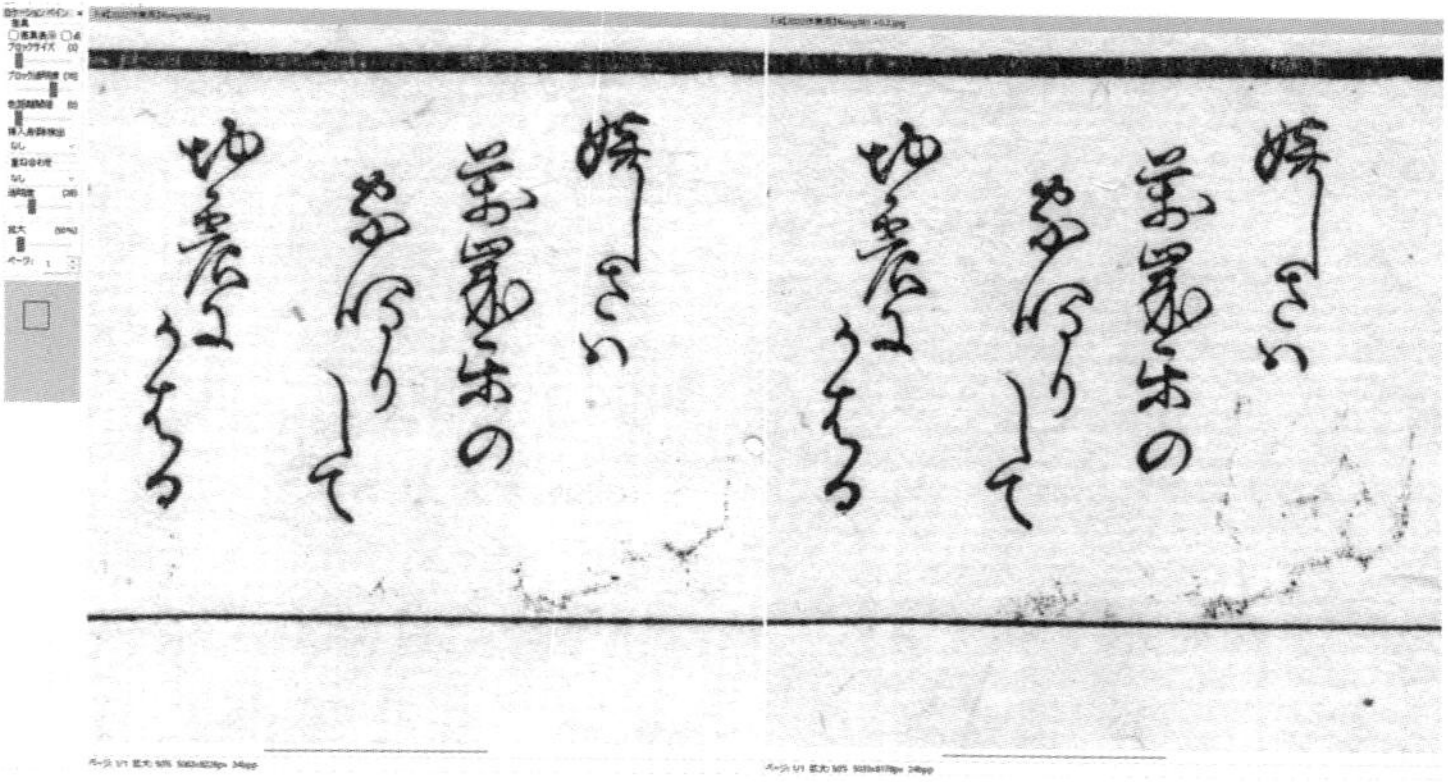

図17　「Ⅱ本」における版面の乱れ（架蔵Ⅱa・Ⅱb）

る所也」（『江戸狂歌本選集』第十五巻四一四頁）と記した「日の本は　岩戸神楽の　むかしより　女ならでは夜のあけぬ国」であり、その六朶園の代表作がⅡ本では「茶や女　市には化粧《けは》ひ　杉手桶　しらた赤みも　見する目ほ《ぼ》かし」に変更されています【図15】。本文を記した墨摺の「主板《おもはん》」そのものが変更されたのです【図16】。

前出の「ハ」「能」とは比較にならない大きな箇所の変更は後摺りのⅡ本の画面に少なからず影響を与えたようで、架蔵のⅡ本の六朶園の頭部周辺にはいくつかの墨汚れが存在します。

この墨汚れ跡は架蔵別本などのⅡ本に共通するものであり、明らかな「校」の影響です。その余波は上段にも及び、「積雪を〜」と「嬉しさハ〜」の二首間の空白には「Ⅱ本」のいずれの「板本」にも雲のような汚れが存在します。板木の中央部々の変更にともなって現れた彫り跡が浮かび上がったこの汚れは大小の差異こそあれ「Ⅱ本」すべてに共通するものなのです【図17】。

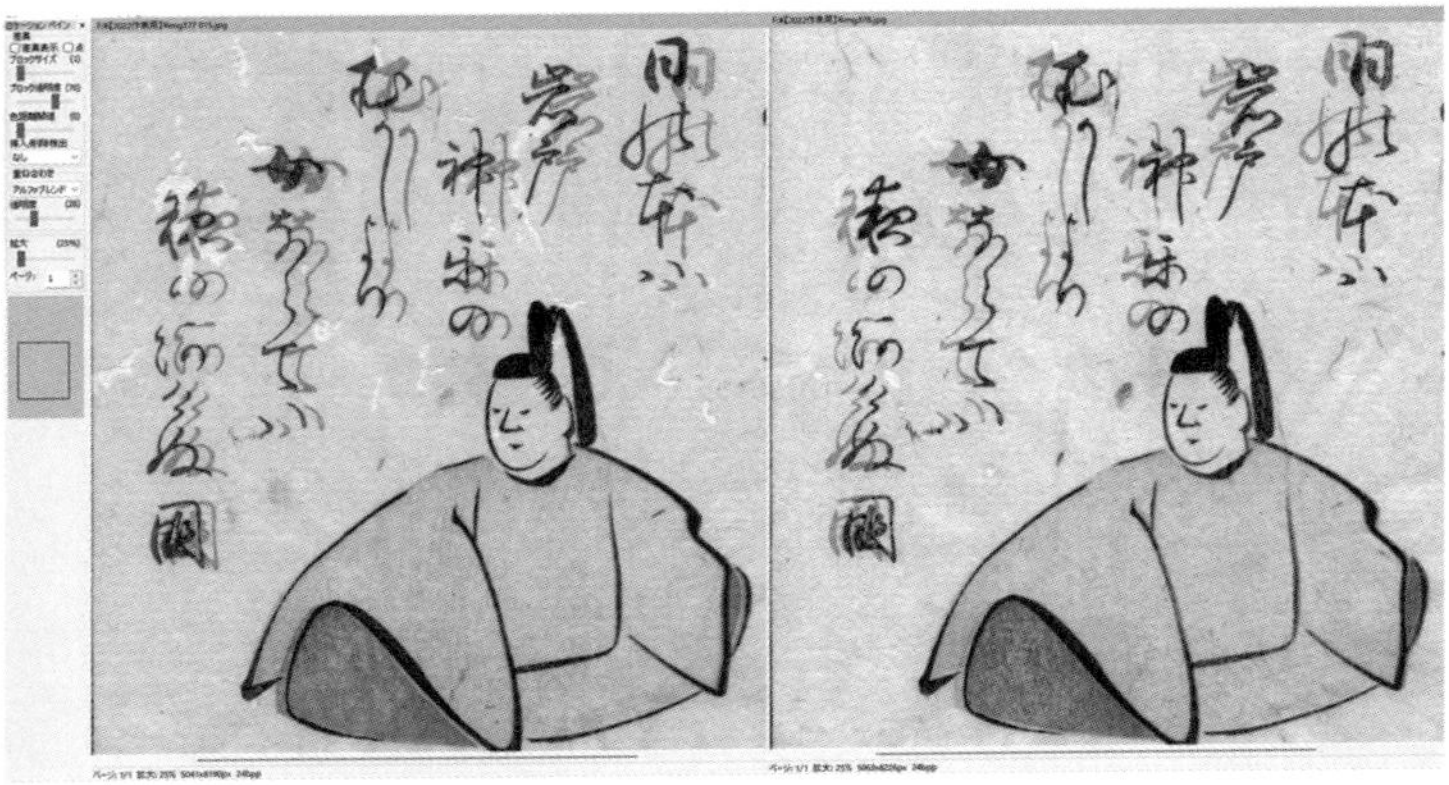

図18　「六朶園二葉」Ⅰ本Y系・Ⅰ本X系画像の重ね合わせ

ところで、六朶園の主作品の変更の跡は「Ⅰ本」の段階にも存在します。先に「Ⅰ本」には二つのタイプがあることを指摘しましたが、その「X系」「Y系」二本を比べると【図18】、「日の本八」の歌はX系段階では六朶園の肖像に近接した配置になっていましたが、Y系の摺りでは文字約半分の幅で左に移動させられています。このような文字部のスライドは他の丁では見られませんので、六朶園の丁に限定されるものです。Ⅱ本への移行を前に「主板《おもばん》」の狂歌部を切り離したものと推定しますが、特殊な部分的変更でもあり、板木をずらして摺るなどの可能性も否定できませんから断定を控え、更なる可能性を想定すべきでしょう。

(三) 作者・作品の変更―「連」を超えて―

『狂歌文茂智登理』の丁付け（ページの付け方）には異例な「下《げ》」丁というものがあります。一〇〇人を撰ぶとしたものの実際には一〇人ほどオーバーしており、それを切りの良い五〇丁に収めるため、途中に「下」丁を挿入したように見られます。（丁付けの全体像については次項参照。）「校」の後、そのうちの「十九下」と「二十」の二丁が削除されています。削除されたのは「山路廼面喜《やまじのおもき》」「緑樹園元有《りよくじゆえんもとあり》」「弥生庵《やよいあん》」「弥重の舎菊枝《やえのやきくえ》」の四名であり、削除理由は判然としませんが、後者二名は君塚藤兵衛・庄兵衛の兄弟であり（前出『狂歌人物誌』三六〇頁）、「弥重の舎菊枝」は天保五（一八三四）年四月に改号し「二世筑波庵繁樹《つくばあんしげき》」を名乗るようになりましたから（同書三五一頁）、改号前の号での再掲を行わなかったといった事情が考えられます。

上記四名の削除とは別に「校」によって削除された人物・代わりに登場した人物が各二名ずついます。I本X系の五〇丁表裏の「竹斎直臣」「月廼屋照好」とY系の「檜園梅明」「宝市亭《ほうしてい》黄金升成」とです。「初板本」と認定できる架蔵本・中井本にのみ掲載される竹斎・月廼屋のうち、月廼屋は『狂歌人名辞書』が小槌連の「判者」とする人物（一四四頁）で、竹斎も同連に属するキャリアの浅い狂歌作者と見られます。一方、追加された檜園は様々な狂歌本を世に出した檜垣連《ひがきれん》の長であり、宝市亭も千種側《せんじゆがわ》判者で宝連《たかられん》を率いた人物です。かくして、改訂によって『狂歌文茂智登理』の末丁は豪華な顔ぶれへと一新したのです。

ところで、「序文」を記し代表作が入れ替わった六朶園二葉《ろくだえんふたば》は、吉原の楼主で六樹園宿屋飯盛の門下であった人物であり、彼は「序文」を記した翌年の安政五（一八五八）年九月四日に没しています。その二日後には歌川広重も亡くなっています。「校」により掲載された檜園梅明が没したのは安政六年一一月九日のことです。ちなみに、撰者であり校者であった天明老人内匠の没したのは翌々年、文久元（一八六一）年五月一四日です（『狂歌人名辞書』による）。

『狂歌文茂智登理』の掲載作者・作品を改める際に、自連の作者から有名な狂歌作者に作品を入れ替えた内匠ではありますが、その改訂時に死没者の作品と取り替えたとは考えにくいです。そう考えますと、II本の刊行時期は絞られ、安政六年の一〇月以前、さらには挿絵全てを担当した歌川広重の没した安政五年九月以前の可能性も高いです。

『狂歌文茂智登理』の刊行と改訂は安政四（一八五七）年後半から安政六年後半、ことによると安政四年と安政五年の一年内外での出来事であったと考えられるのです。

このことから、「板本」の異同や改訂の詳細を考察するにあたっては、板木自体の経年劣化はさほど想定しなくても良いということになります。板木自体の変化ではなく、人為的な変更を中心に読み取ることが許されるのです。ただし、使用する諸本は、紙質が一定ではなく、保存状況も大きく異なります。こうした不確定要素もある中での考察であることを付け加えます。

(四) 減色―『狂歌文茂智登理』から『狂歌百人一首』へ―

狂歌本にはしばしば挿絵が挿入されますから「絵入狂歌本」と呼ばれることがあります。そうした絵入狂歌本の中には多色摺りのものも少なくありません。板本に収まる挿絵ですから画面自体が小さいものの、いわゆる浮世絵の豪華さに近い物もあります。

『狂歌文茂智登理』は半丁（一ページ）に一人の人物を収めますから、画面は狂歌作者ごとに独立しています。広重の筆致は晩年に盛んに刊行された前掲の『草筆画譜』の題ともなった「草筆」と呼ばれる一筆書きのような様式であり、画譜のようなコマ割りの小さな画面ではなく、書道の半紙に筆を下ろすような面持ちで描かれています。そうして描かれた人物の衣装や持ち物に彩色が施され、見開きの画面には多くの色彩が用いられています。ページをめくると平安朝の装束をまとった狂歌作者達が交代する仕組みになっています。

しかし、本書を開いた時の印象とは異なり、画面に用いられている色数すなわち「色板《いろいた》」の数は半面あたり二色に過ぎません【表3】。ところが、折り返しの前丁の裏《うら》面と次の丁の表《おもて》面が現れることにより、より多くの色数が用いられているような印象を与えます。効率的な色彩効果と言うべきでしょう。また、独立画面になっているため用いられている色の濃さも一定することが目指されていませんん。濃淡自在です。これもやはり効率的な摺りと言ってよいでしょう。

そうした『狂歌文茂智登理』と『狂歌百人一首』とを比較してみますと、だいぶ印象が異なります。色の出入りが激しい『狂歌文茂智登理』に対して色合いが落ち着いた『狂歌百人一首』という対比が見られるのです。その理由は表3からも明らかなように、「狂歌百人一首」が藍色と草色を基調にし、『狂歌文茂智登理』よりも減色しているためです。さらに『狂歌文茂智登理』の色が板木に十分に定着しておらず顔料がストレートに紙の上に載っているような印象があります。それを典型的に示すのが、小槌連構成員から有名判者へと変更が加えられた五〇丁の表裏です【図19】。いかにも「初摺《しょずり》」の印象を与える『狂歌文茂智登理』に対して『狂歌百人一首』は摺りを多く重ねた「こなれた板本」と

表3-1　板本Ⅱ本と板本ⅠXの摺色①

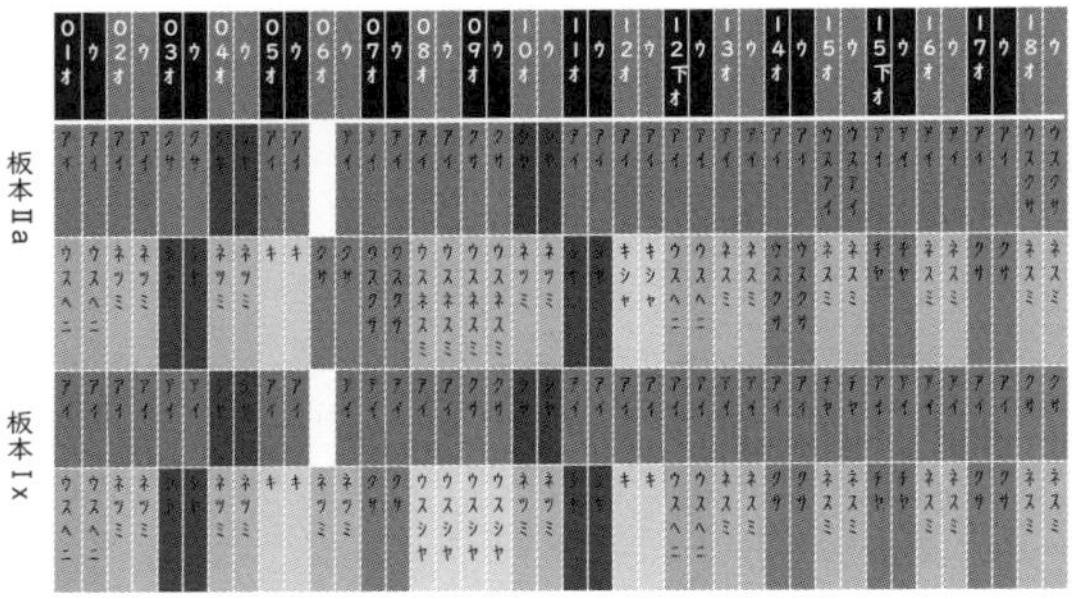

表3-2　板本Ⅱ本と板本ⅠXの摺色②

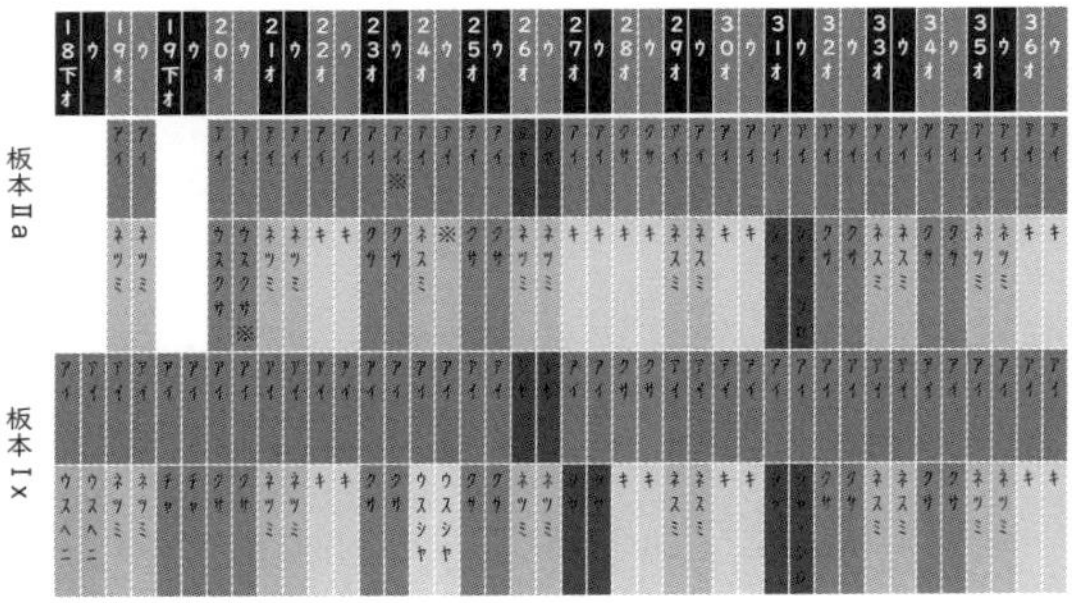

表3-3　板本Ⅱ本と板本ⅠXの摺色③

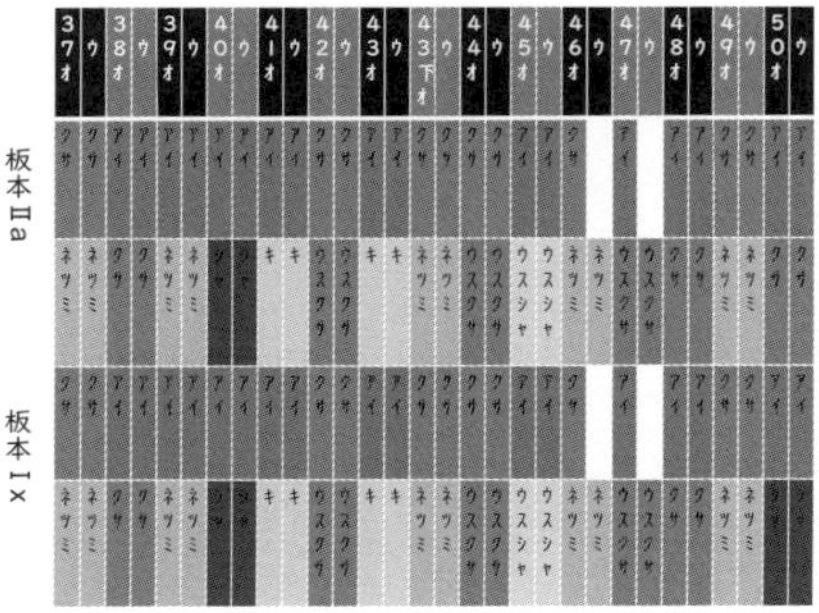

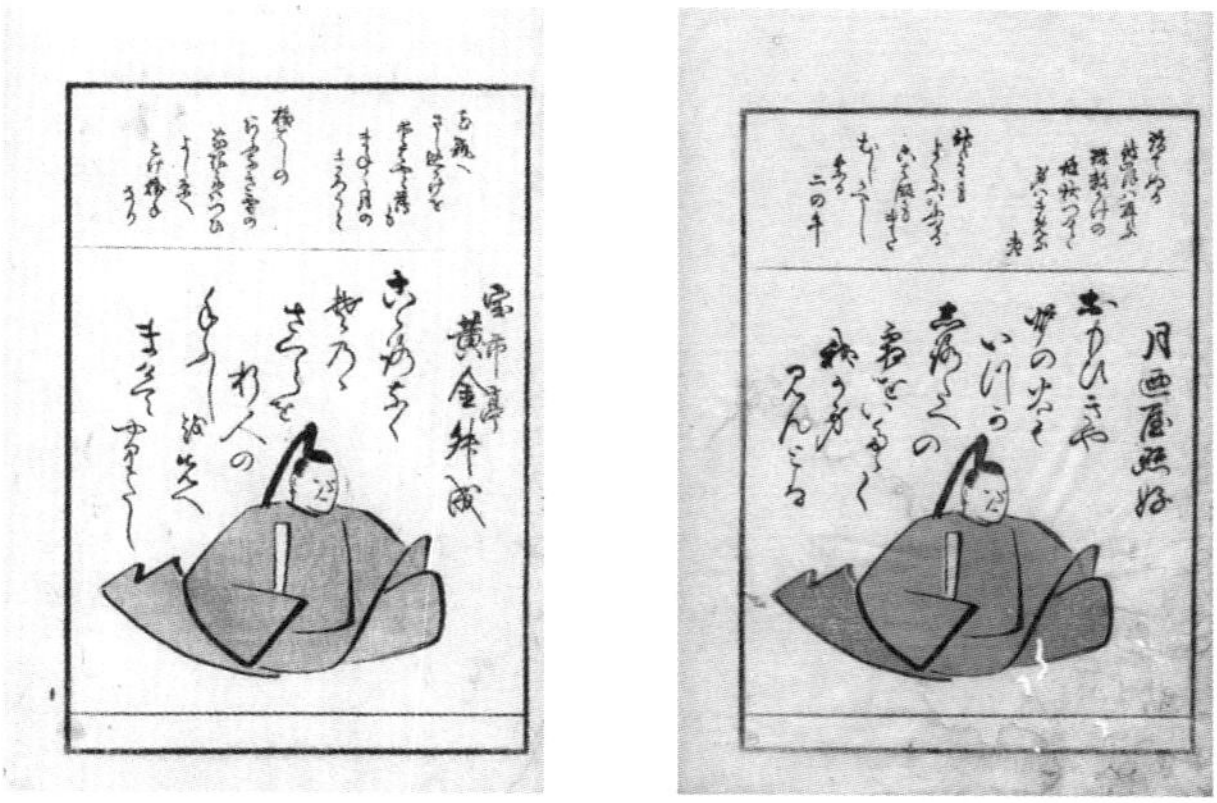

図19　「50丁裏」月迺屋照好（ⅠX）→黄金升成（Ⅰ本狩野文庫本）（ⅠY）

いう位置づけが可能なのです。

実は、この使用された色板が少ないこと、色が落ち着いてきたという点が、次に論じる「筆写本」の意義を考える糸口になるのです。

四．スキャナー鑑定団
—架蔵「筆写本」は『狂歌文茂智登理』の「稿本」か—

（一）「筆写本」について

『狂歌文茂智登理』の「筆写本」は縦が二七・三cm、横が一九・四cmあり、縦二六・五cm、横一八・一cmの「板本」よりも一回りサイズが大きいです。青色の用紙を三方を折り込んで共紙《ともがみ》半丁と糊付けして補強した表紙・裏表紙がかけられています。糸綴じ方法は六つ穴のいわゆる「康熙綴《こうきとじ》」で、花布による角の補強があるなど丁寧な装丁になっています。その割には保存状態は良くなく、水を含んだ痕跡が三方に見られ、「背」の下方の汚れが強いです【図20】。

内容は一丁半の「序文」と半丁の扉絵があり、総丁数は「五八丁」、I本X系つまり「初板本」に相当します。「丁付」（ページ振り）の表記は見られないものの、現状での綴じ順は「初板本」と完全に一致し、両者が深い関連にあることは間違いありません。他方で、表紙には題簽・題名表記も見られず、II本のような「扉題」もありません。そのため、『狂歌文茂智登理』に関する知見がなければ、本「筆写本」の正体は不明であり、実はそのことが架蔵に帰した理由の一つです。

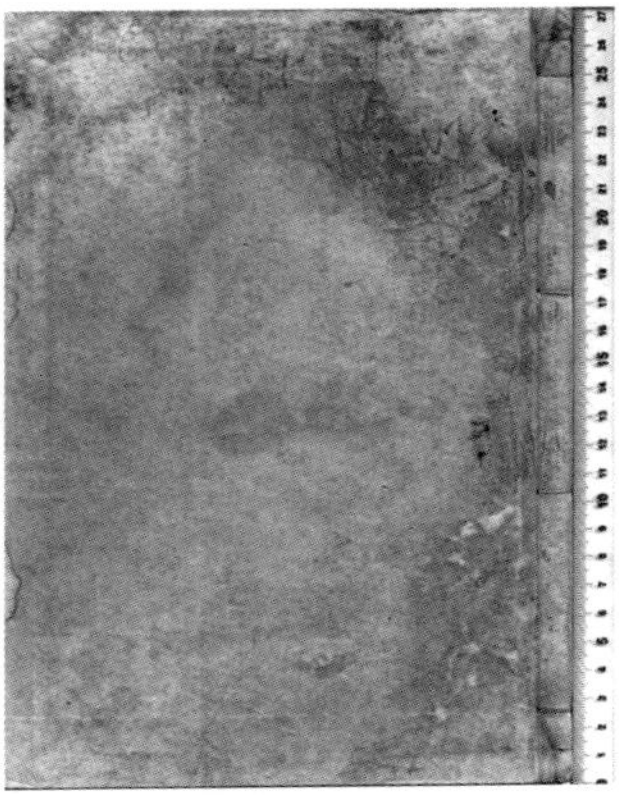

27.3㎝（7寸2分）

19.4㎝（5寸1分）

図20　「筆写本」表紙

この題名表記がないことが本書を「板本の写本」ではなく、「板本に先立つ写本」である「稿本」ではないかと想定する根拠の一つとなります。というのも、少なくとも百人余りの掲載作者数よりも「板本」の刊行数は多いはずで、同時代であれば新刊かつ多色摺の「板本」を入手することが可能だった『狂歌文茂智登理』を、あるいは『狂歌百人一首』を、あえて手間や金銭のかかる筆写行為を通じて作成するのに題名を表記しないというのは不自然であり、所蔵するにせよ販売するにせよ、複製物としての完成には題名表記が不可欠のはずです。また、仮に広重の挿絵に注目して「写本」を作成したとするならば、どこかに広重を示唆する記述を残すはずですが、「筆写本」にはそうした情報が一切ありません。当該「筆写本」は複製を目的とした一般的な「写本」とは異質なのです。

ところで、この「筆写本」の挿絵は「板本」と酷似し、描写力もしくは模写力が極めて高い画師によって描かれたものです。書道の草書のような「草筆」と呼ばれる描写筆法による『狂歌文茂智登理』の挿絵と顕著な差違が見当たらず、しかもその筆致からは「板本」をなぞったような筆の停滞が感じられません。まさにオリジナルの草筆画もしくは極めて丁寧に作成された「挿絵の模写本」と評して良いものなのです。

そして、挿絵のパーツには一つひとつ「色の指定」が見られます。しかし、その色指定は対応する多色摺のⅠ本Ⅹ系本はもちろんＹ系本、さらにはⅡ本の配色と、多くの箇所で齟齬が見られます。さらにはⅠⅡ両「板本」で使用されていない色の指定があったり、「板本」で使用される一画面あたりの色彩が二色であるのに対して「筆写本」には三色の指定があったりと、「筆写本」の色彩構成は独自です。「筆写本」は「板本」よりも豪華な彩色刷り本として構想されたものなのです。かくして、「板本」を再現することに「筆写本」の使命があったとすれば、全く想定外の色指定となっており、ここに「筆写本」が「板本」に先行して成立したと考える端緒があります。

さて、挿絵部分の酷似と色指定の齟齬という画像をめぐる背反する状況の存在に加えて、「筆写本」と「板本」には文字部分にも奇妙な差異が存在します。「筆写本」の文字と「板本」の文字とは類似しているものの、「板本」の忠実な再現とはなっていません。しかもその差異は、書写能力が低いために書写しきれずに「ずれ」が生じたというようなものではなく、迷いの無い筆勢で書きとどめられ、「筆写本」には一種の統一性・完結性が存在します。また、「五七五七七」の句の「改行」が異なる箇所や使用文字自体が異なる場合もあります。そうした「自律」と評しても過言でない特徴が「筆写本」にはあります。

桜材や梓材に代表される硬質木材と彫刻刀とで墨書を再現しようとした「板本」の二次成立的な文字に肉筆の墨書がどこまで迫っているかのような、冷静に考えると倒錯した議論を展開してしまい、恐縮ではありますが、本「筆写本」の文字自体は「板本」の筆致と極端な齟齬が見られない一方で、狂歌の作者名や狂歌作品の文字のサイズや配置に大きな差異が存在します。狂歌の使用文字や改行箇所にも「板本」との差異が少なからず存在します。にもかかわらず、狂歌と挿絵とが醸し出す画面構成・雰囲気、統一感はよく似たものとなっているのです。

「筆写本」はよくできた「写本」ではありますが、これを複写物として見ますと、画像の酷似と裏腹な文字構成の不一致があり、『狂歌文茂智登理』は模写本としては合格点を得られない「随意にまとめられた写本」としか表現のしようがありません。

以上をもって、ここでは「筆写本」が『狂歌文茂智登理』を作成する際の原稿である「稿本」であると推定します。その推定、平たく表現すれば、「筆写本」は歌川広重の描いた百枚余の肖像画を含む「稿本」であると推定するのです。

以下では、二冊の本を並べて大括りに比較対照するといった既存の方法ではなく、フラットベッドスキャナーを使って撮影した画像に画像編集ソフトの力を借りるという予告した方法で行います。将来的な「板本」研究を見据えた簡便でありつつも重要な判断にも踏み込みうる有効性の高い技術によるものであるか否か、判断していただきたいと思います。

(二)「色指定」の存在―「稿本」であることを示唆―

『狂歌文茂智登理』の「板本」を随意に開くと、二人の平安朝の人物が現れます。それは衣冠装束の男性貴族と十二単の女官だったり、貴族と僧侶だったり、老若の貴族だったりと組み合わせは様々ですが、等しく言えるのは出で立ちを異にする二人の人物の上衣と下衣が色摺りされ、見開きの画面が華やいで見えます。先に述べた通りです。

しかし、そうした常に数色の絵の具を用いたような印象を与える一方で、実際に「板木」一枚に使用されたのは「二色」に限られていました。摺られた一丁が半分に折られ、別の組み合わせの「二色」の丁が重ねられ、見開きとして現れることにより、「四色」が目の前で展開するように仕組まれていたのです。大画面を効率的に彩る巧みで効果的・経済的な摺りがなされたと言えます。

『狂歌文茂智登理』同様に「百人一首」を標榜する挿絵入りの狂歌集には細密な多色摺の浮世絵に近いものと単色(墨色)の肖像画のようなものに大別されます。多色摺のものは連の特殊な企画であることが多く【図21】、単色のものは作者の略伝【図22】をともなうこともあり、「連」に所属する作

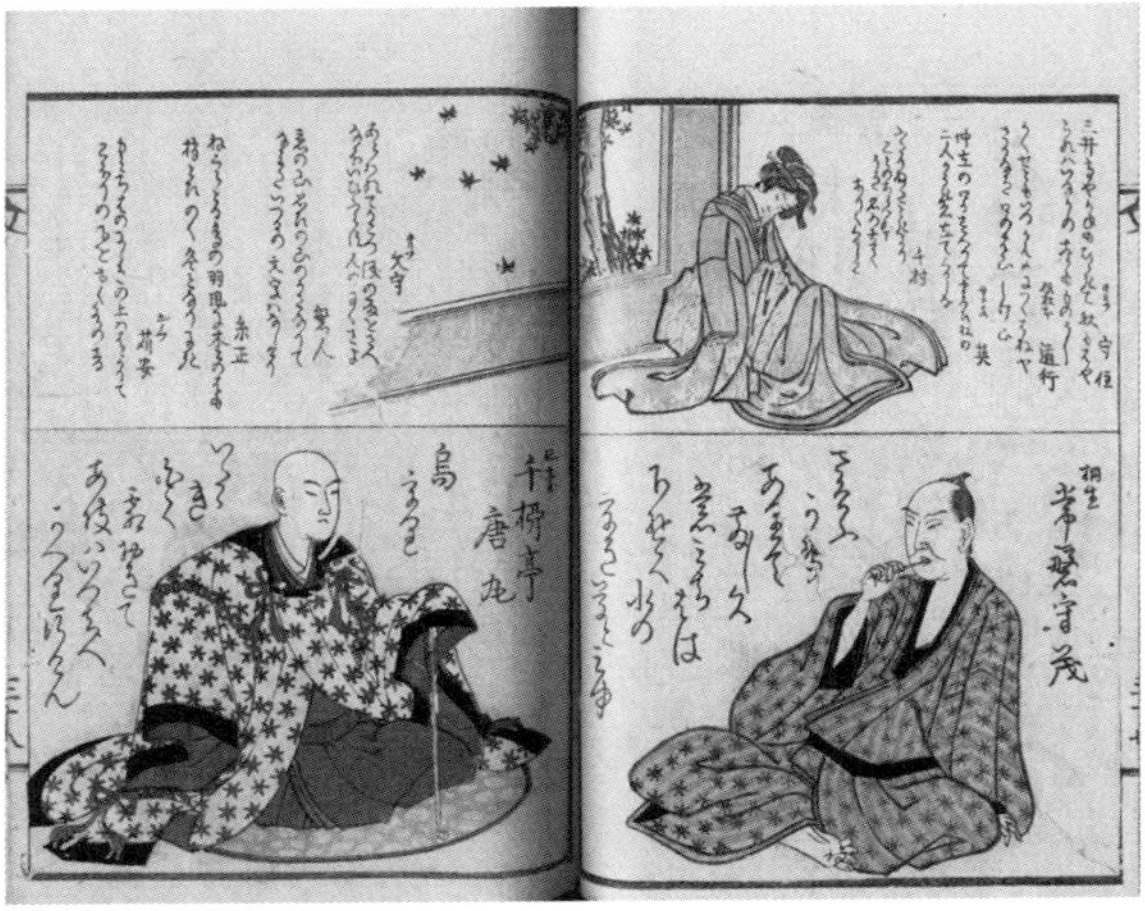

図21　文々舎撰『狂歌百人一首』（文政年間）

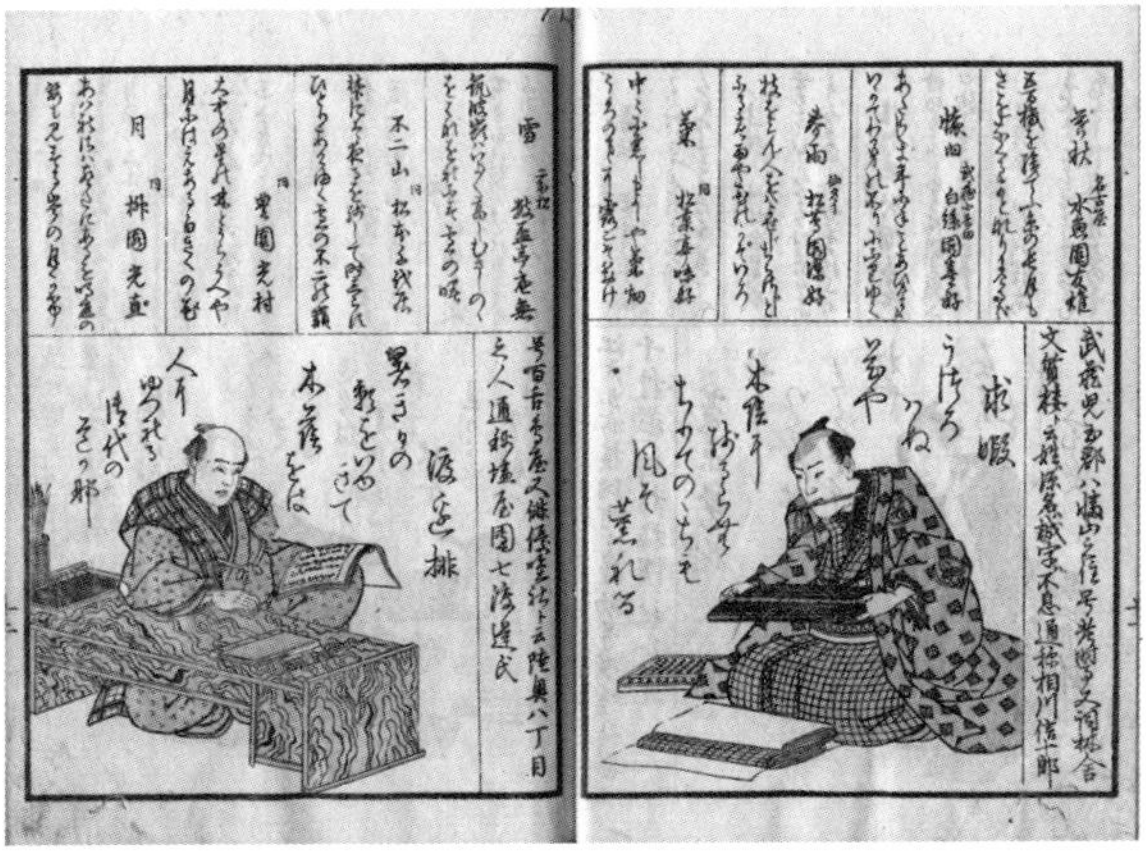

図22　燕栗園千寿撰『誹諧歌一人一首』（一梅斎芳晴画、安政2（1855）年）
右は武蔵国児玉郡八幡山の考時亭求暇（相川信十郎）、左は陸奥国八丁目の百舌鳥屋排（渡辺団七）

者たちの自尊心・向上心をくすぐる定期企画のような意義があります。『狂歌文茂智登理』は色遣いからすると、「豪華・質素」両者の中間に位置します。

しかし、こうした効率的ではあってもいささかどっちつかずな配色は出版企画からの既定路線だったとしますと、百人以上の肖像を描いた画師にとってその企画は満足のゆく作品依頼だったのでしょうか。少ない色遣いで豪華に見せる配色構造に画師歌川広重は当初から従っていたのでしょうか。

「筆写本」からは「板本」とは異なる色指定すなわち画面の色彩空間が見えてきます【表4】。

表4は上段に『狂歌文茂智登理』が採用した色遣いを、下段に「筆写本」の色指定をまとめたものです。この表を見ると、全体で一一〇にのぼる二つの本の色指定は一致するものが「約三割」で、画師が当初構想していた挿絵の配色構造は遙かに豊かで、現在我々が見ている『狂歌文茂智登理』よりも多彩な色遣いが想定されていたことがわかります。また一丁あたり二色という効率的な配色も、画師の提案ではなかったことになるのです。

そして、「筆写本」が「板本」を参照して作成されたものでないことが、二九丁表の「藤少々波樹」における色指定を見ると明らかになります【図23】。「筆写本」「板本」の波樹の肖像は画像を重ねても見分けの付かないほどに瓜二つであり、「板本」は肉筆による描線を忠実に再現したと評してよいです。それほどの呼応を見せる両者であり、「ウスズミ」と「アヰ」という二色の色指定についても「板本」と同一です。ところが、二箇所に「アヰ」と色指定されたのは袴の裏面であり、「板本」が袴

表4-1　筆写本色指定と板本ⅠXの摺色①

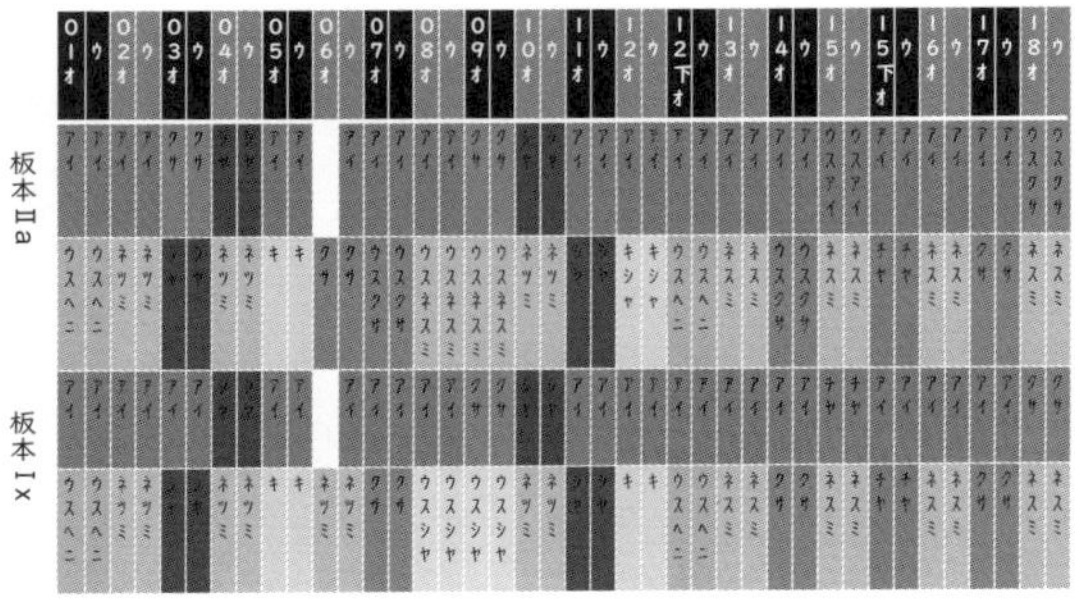

表4-2　筆写本色指定と板本ⅠXの摺色②

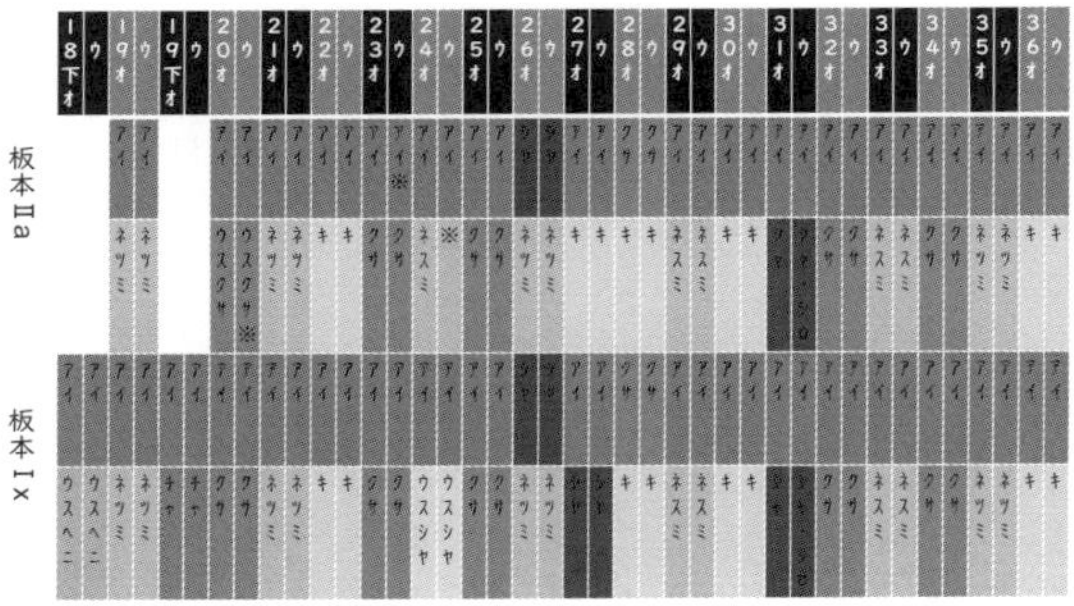

表4-3　筆写本色指定と板本ⅠXの摺色③

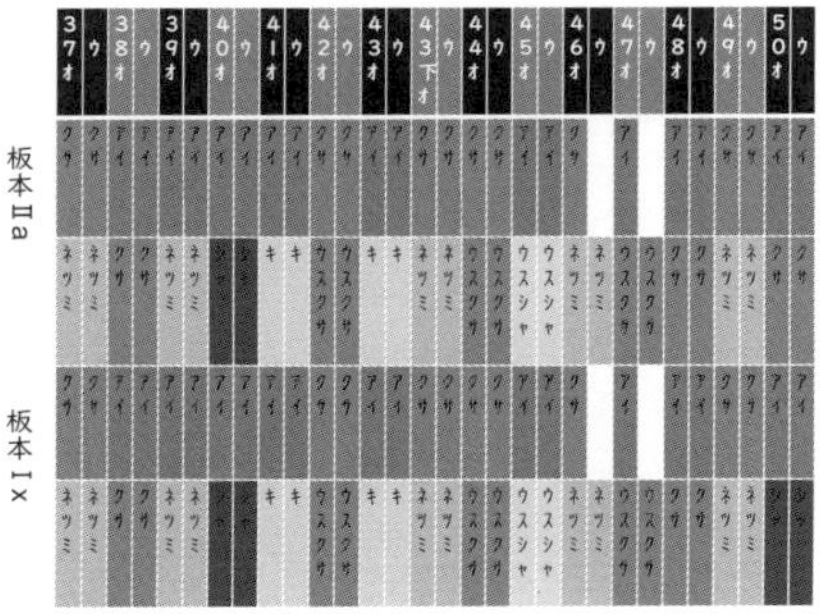

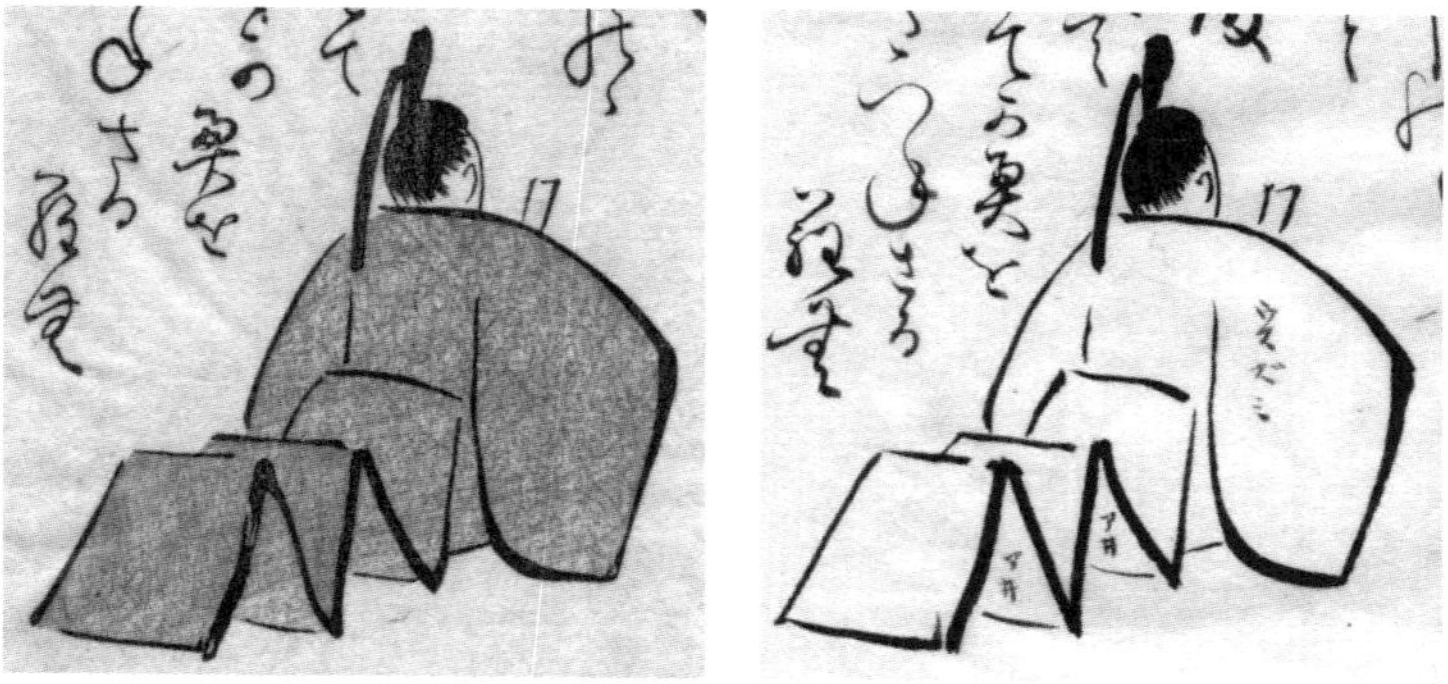

図23　「藤少々波樹」（29丁表）の「板本」（左）と「筆写本」（右）　口絵（カラー）参照

の表面を藍色で飾ったのと完全に齟齬が生じています。「アヰ」という色指定箇所が一箇所であるならば単純なミスとして済ますこともできますが、丁寧に二箇所に色指定がなされていることを見ますと、これは意識的な色指定であり、陰になる袴の裏面に別色を配するのが通例の「筆写本」と「板本」にあって、藤少々の「板本」の摺り色は異例です。もし「筆写本」が「板本」を写し取ろうとしたものであれば、このような誤りを犯さなかったでしょう。その例外的な摺り色を「筆写本」は正確に反映させたはずですが、自覚的に異なる色指定がなされているのを見ますと、やはり「板本」から「筆写本」へという流れは想定できません。「筆写本」の立ち位置が「板本」を作成する際の「稿本」であるとの判断を裏打ちするのです。

(三)「点」の指示―「界線」の付加―

「筆写本」の狂歌の三大人の丁には、縦一九八ミリメートル、横一三二ミリメートルの枠を三等分する形で、八個の

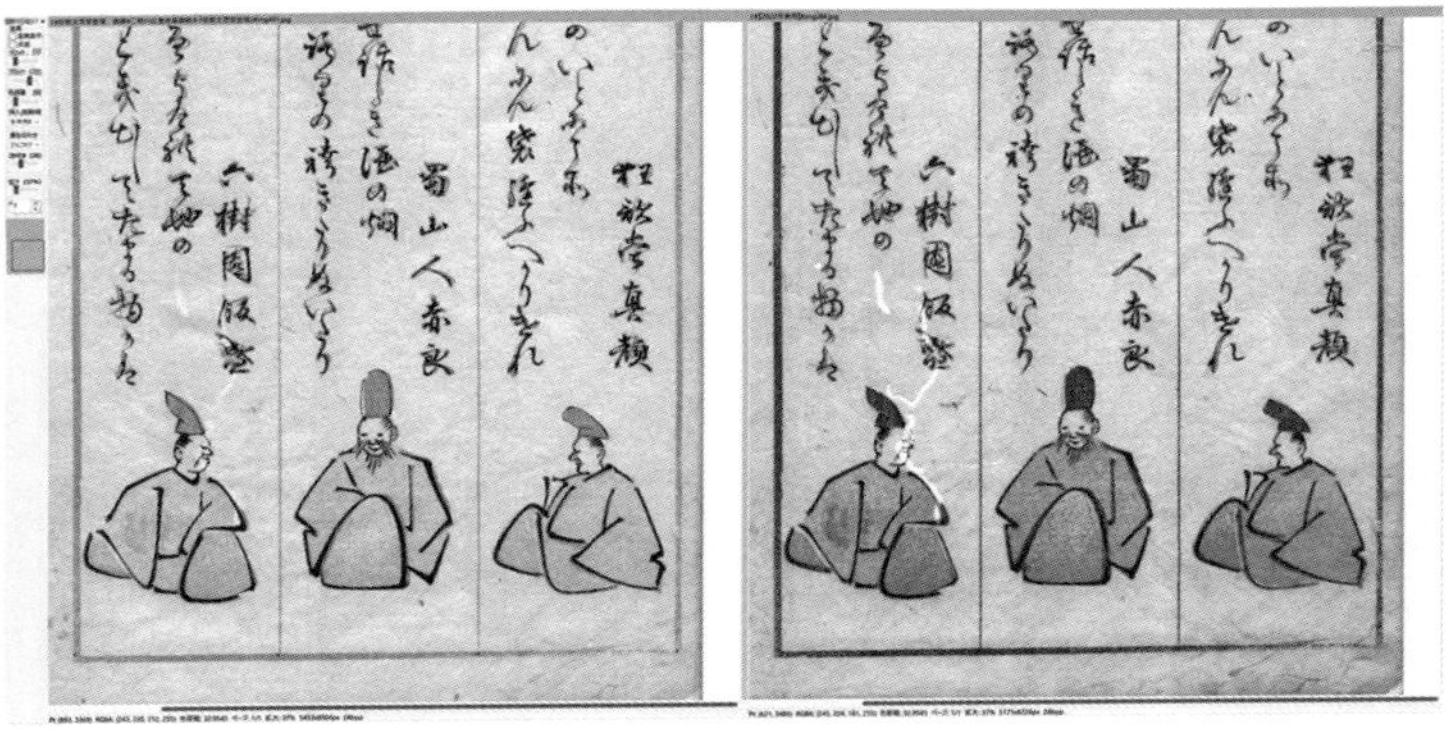

図24　「左」三大人の画像の重ね合わせ

小黒点が施されています。この境界線に関する指示と見られる八点を結びますと、それは「板本」の「界線」にほぼ一致します。その一致の程度をWINMERGEを用い、有色の「板本」を下に置き、その上に黒白の「筆写本」を透過率30パーセントの濃さにして重ね合わせ（マージ）したのが【図24】です。

　同様の小黒点の施されている丁は、「柏唫舎千興」と「松の門鶴子」が収まる一丁表・裏です。

　『狂歌文茂智登理』の1丁から50丁までの画面は同一の形式を採り、太い外枠と狂歌二首を収める上段と作者名と主要作品一首と肖像からなる中段、そして畳・床を象徴する界線の下の小空間である下段の三部分からなります。

　柏唫舎の1丁表には全ての境界に関わる黒点八個が、松の門の裏丁には上段・中段の境を示す二個を欠く黒点六個がドットされており、その他の丁には同種の黒点は見られません。

　三大人の丁と同様の方法でWINMERGEを用いて1

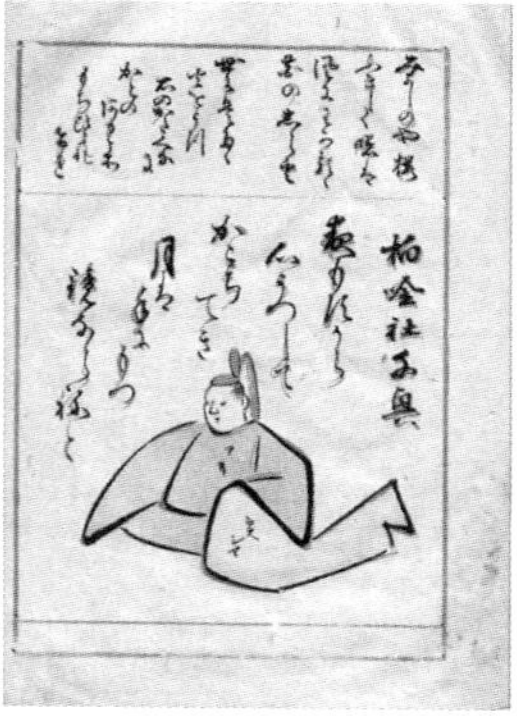

図25　柏陰舎千興（1丁表）

丁表の画像を重ね合わせたのが【図25】です。ほんの僅かな誤差はあるものの、黒点は界線に対応するものとなっています。

重ね合わせの画面を掲げたついでに、挿絵部分と文字部分の対応関係を見ておきますと、右側の柏陰舎の肖像では、黒色であるべき衣冠が「筆写本」では塗りつぶされておらず、完成形が目指されていないことがはっきりします。一方、文字については、大きな差異は見られませんが平仮名の流れ、例えば「心うつして」の「して」などに差異が見られます。

続く、松の門のページ【図26】については、髪の表現や鼻の位置などに差異が認められます。注目されるのは几帳の表現で、上部の布の継ぎ合わせの表現が「筆写本」の方が正確なクロス表現になっているのに対し、「板本」では表現意図が不明なアンバランスな棒と鍵の組み合わせで彫られています。また几帳の布地の縫い目の表現が「板本」では深い「彫り」一本で簡略化して表現されるなど、画像の比較からは「板本」の方の問題点が浮き彫りになります。文字部の差異は上段の狂歌二首の仮名の連続部に現れています。上段の二首には「とめし」「むかし」「見し」「あるし」と「し」が多用されていますが、その「し」と上の仮名との連続性には明らかな差異が認められます。

差異は以上ですが、「百人」の冒頭にくる一丁表・裏は、「板本」「筆写本」間の差違が小さく、界

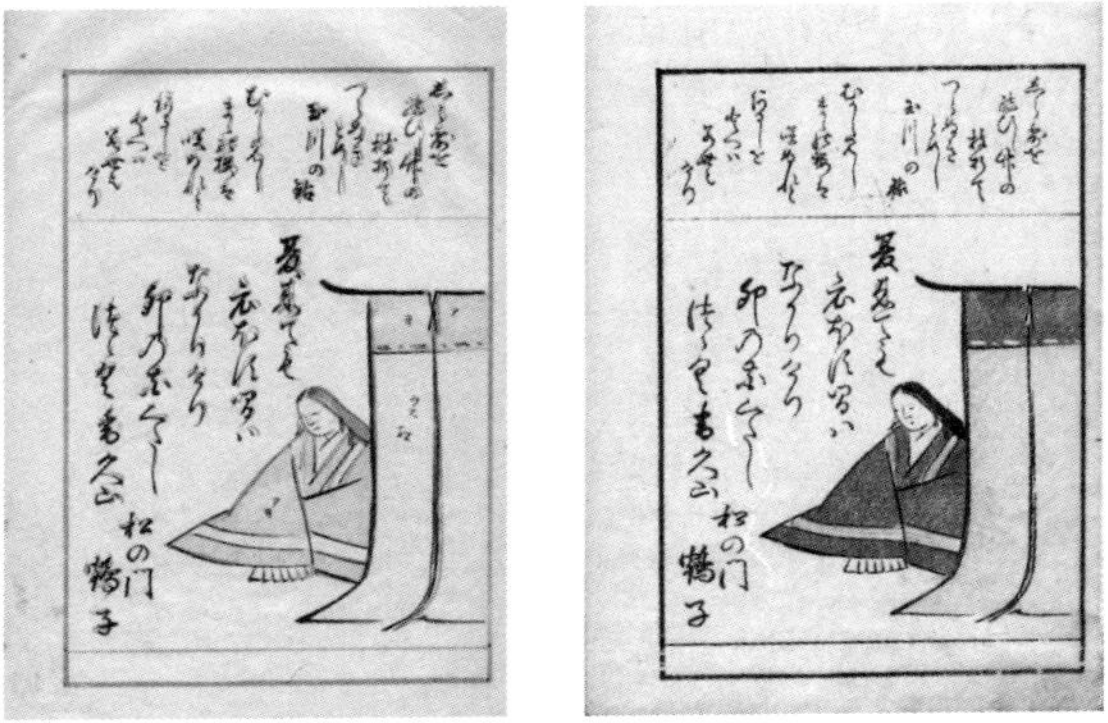

図26　松の門鶴子（1丁裏）口絵（カラー）参照

線の指示などを勘案しますと、「筆写本」のこの丁は『狂歌文茂智登理』の標準形式を設定した丁と位置付けられそうです。それに対して2丁以後は、挿絵部の「板本」「筆写本」間の画質の開きは大きくないのですが、狂歌の文字部の差異は開く一方です。第1丁に標準的な画面構成を記しとどめ、それ以後は挿絵を中心に据え、余白に狂歌の作者名と作品三首とを標準構成のフォーマット内に正確に収めるのではなく、掲載作品を記しとどめることを目的とした大雑把な出来上がりになっているのです。

(四)「校訂」の形跡—字遣い・仮名遣い—

「筆写本」が「板本」の複製物であるとするならば、挿絵部分はもちろん文字部分においても表記の特徴的表現を模倣してしかるべきですが、前述のとおり文字表記には配置を含め大きな差異が存在します。そればかりではなく、使用する文字、具体的には句中の漢字表記と仮名表記に写し間違いとは考え難い懸隔があったり、仮名の

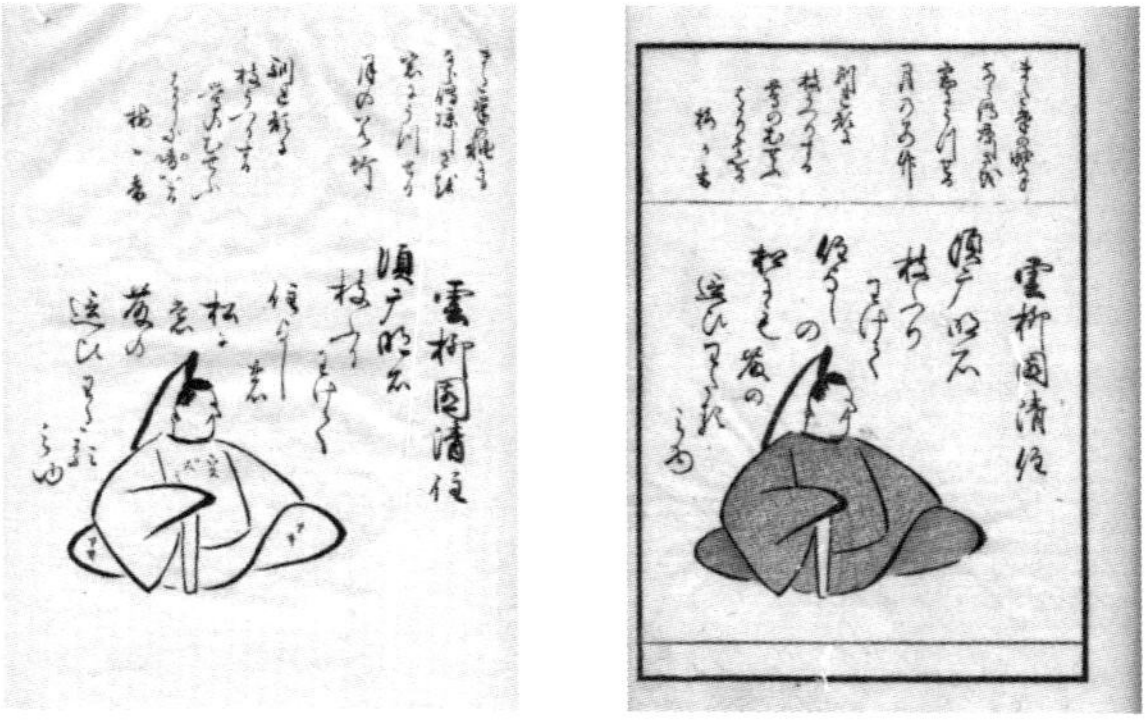

図27　「雲柳園清住」(39丁表)

字母にも差異があったりします。さらには、文字の訂正も存在します。その実際は以下のようなものです。

(i)39丁表の雲柳園清住《うんりゅうえんきよずみ》の丁は間違い探しに格好なページとなっています【図27】。

清住の代表歌は「須磨明石　枝ふりわけて　住《すみ》よしの松にも藤の　這《は》ひわたるみゆ」というものですが、第三句「住よしの」の助詞「の」、第四句「松にも」の助詞「も」の仮名字母は、「筆写本」が「農」・「裳」となっているのに対して「板本」は「乃」・「毛」です。画数の多い字母を採用する「筆写本」、単純な字母の「板本」という対比を見せるのです。模写に際してわざわざ煩雑な仮名字母に変更するということは考えにくいですから、成立の時間的経過は「筆写本」から「板本」ということがここでも確かめられます。

このページの注目点の第二は上段の二首目、「馴《な》れ顔《がお》に枝うつりする　鴬の　むせふ《ぶ》は《ば》かりに　かをる梅か《が》香」

（「板本」）です。この作品の末句の「かをる」の「筆写本」の表記は「香をる」であり、「香」の両脇に修正の「か」が記されています。字母が「可」であるため半丸のような文字になっていますが、明らかに「香」を「か」に訂正しています。「香をる梅か香」では「香」字が重複し不適切です。その事態を避けるための訂正なのですが、やはりこの事態を時系列にならべますと、「筆写本」記入↓同本の訂正↓「板本」という流れとなり、ここでも「板本」から「筆写本」へという逆コースは想定できません。また、字母の訂正、漢字から仮名への訂正が模写時に行われたという想定もできません。

　このページは「筆写本」成立の時期が「板本」に先んじる時期にあり、かつ板本化する前の前、板木に貼って彫られるのを待つ「版下《はんした》」の一段階前の「稿本」の位置にあることを示唆するのです。なお、あえて指摘しませんでしたが、挿絵自体は見分けのつかないほど類似しています。

（ii）このような「筆写本」の「稿本」的性格を指し示す代表例をもう一つ紹介しましょう。44丁表の「竹木亭数有《ちくぼくていかずあり》」の作品です【図28】。

　数有のページで指摘しなければならないのは、上衣が「板本」が「草」色で「筆写本」の色指定である「アヰ」と異なりますが挿絵は瓜二つであることです。ところが、狂歌三作品の配置は全く異なります。「筆写本」は画面構成を考慮することなく思いのままに三首を配した感があるのです。

　さて、数有のページの上段の二作品は「奥方に　顔をそむけて　たかと《ど》のに　妾か《が》ふける　月の横笛」と「枝ふりも　なくてと《ど》ちらも　おもしろき　月のかつらの　野辺の鈴虫」（「板本」）という

奥方に顔をそむけてたかとのに妾（しょう）か吹（ふき）ける月の横笛

奥方に顔をそむけてたかとのに妾（めかけ）かふける月の横笛

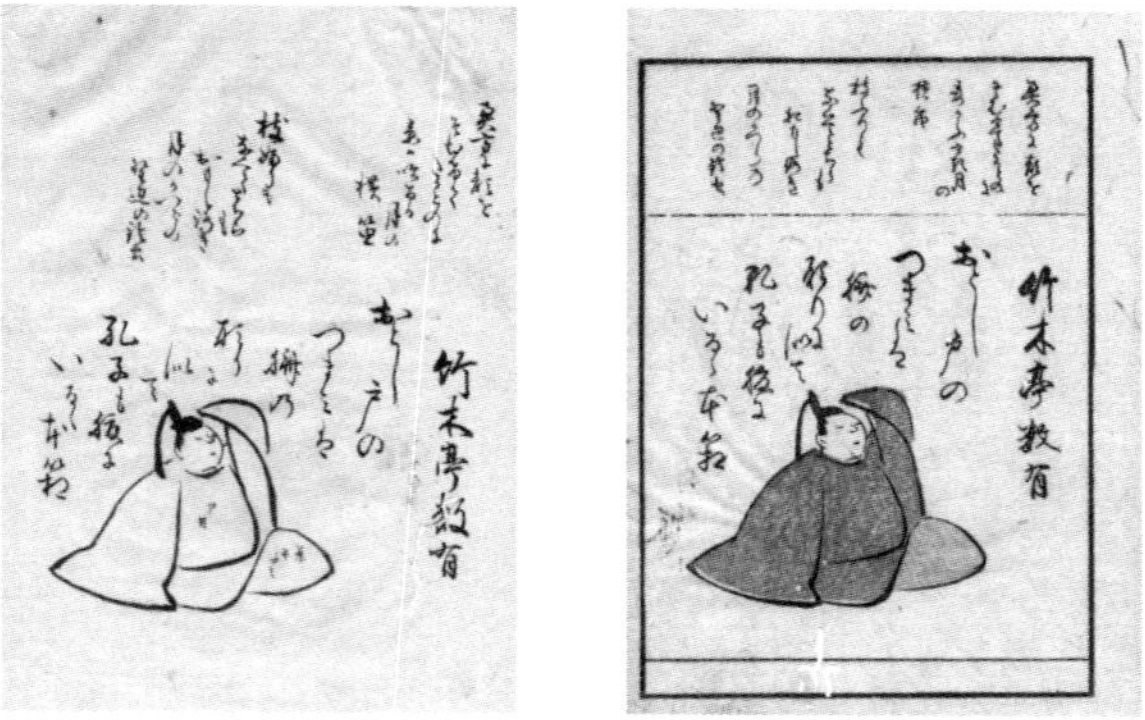

図28　「竹木亭数有」（44丁表）

「月」（秋）を詠んだものです。後者では初句「枝ふりを」の「ふ」の字母が「不」（「板本」）・「婦」（「筆写本」）と異なります。一方、「奥方に」の作品でも「そむけて」の「け」の字母に「介」「希」という差異があります。そして、「板本」の第四句の「妾かふける」は「筆写本」では漢字変換を含み「妾か吹ける」とあります。一見ささいな仮名と漢字の差異のように見えますが、ここには狂歌作品の表記と解釈に関わる大きな問題が隠れています。

「板本」の「妾」は音節数から三音の「めかけ」と読みます。ところが「筆写本」は「吹ける」となっているため「ふきける」と読むか「ふける」と読むか判断が分かれます。文法上は「ふきける」が正しいですから、そう読むと、「妾」は三音の「めかけ」と読めません。字余りとなるためです。この「妾」の音節数が、ポイントになります。「妾」は「めかけ」ではなく二音の「しょう」なのです。

江戸時代には、妻以外の内妻を気取って表現する場合には「しょう」と呼んだらしいですし、歌語としては「めかけ」よりも上代からの公用表現である「しょう」の方がふさわしいです。そして何よりも、この狂歌作品では「しょう」と読まないと面白さが伝わりません。

二人の女性がいます。本妻と妾です。月明かりが照らす高殿で妾は本妻と顔を合わせることなく「横笛」を吹いています。「妾」を「しょう」と読むと、そこにはもう一本の笛「縦笛」が潜んでいます。「笙（しょう・さう）」です。「奥方に」の一首の狂歌としての趣向は、女性二人のストレートな反目の様子ではなく、表に出る横笛と隠れた縦笛という言葉遊びにあったのです。「奥方に顔を背けて高殿に妾《しょうが》か吹きける月の横笛」。秀作とすべきではないでしょうか。

思わず解釈に力が入ってしまいましたが、指摘したいのは「筆写本」の方が狂歌の醍醐味を伝え、「板本」はちょっとした（「吹」から「ふ」へという）文字の単純変換によって通り一遍の歌に墜ちてしまっていることです。ここでも「板本」から「筆写本」へのルートは考えられません。断定的に言及するためにはもう少し厳密な証明が必要ですが、当初「筆写本」のように記された狂歌作品は「版下」段階で「妾」が「めかけ」であるという思い入れのもとに「吹」が「ふき」と二音で読むことを意識せず「ふ」へと安易に文字変更したのではないでしょうか。ページ上段のスペース内に規格に沿って文字を小さくして収める「筆耕《ひっこう》」の作業は狂歌作者ならぬ筆写技術者によって進められたと想像されるのです。

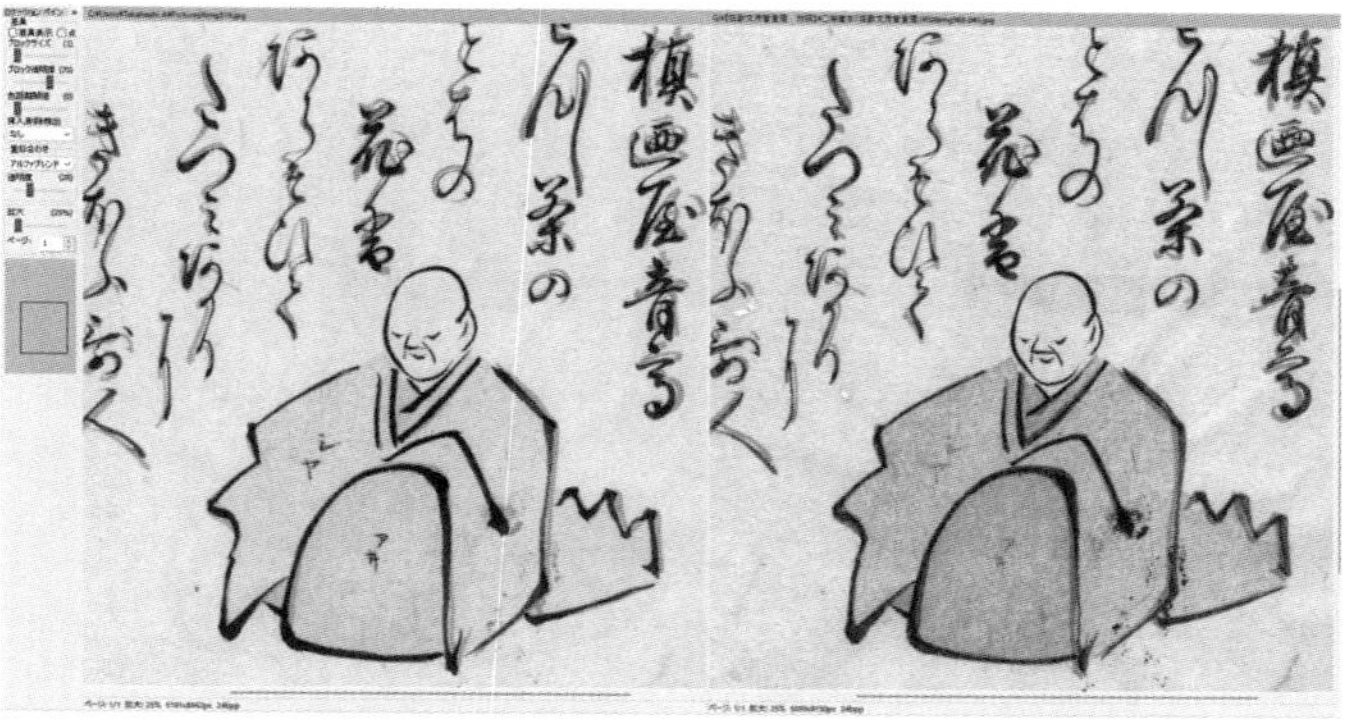

図29　槙廼屋音高（青鴬）／左「筆写本」・右「板本」

（ⅲ）関連して「板本」の文字表記の問題点を、さらに一つ例示しておきましょう。

11丁裏の「槙廼屋音高」についてです。音高は『狂歌人名辞書』に「霰音高、槙廼屋、藏春齋、雪川樓等の別號あり、姓萬里小路氏、東都下谷根岸に住す、山櫻連判者。（新狂歌觽）」（三三頁）とあるように、名の知られた狂歌の先生です。しかし、「板本」では狂歌名が「音鴬」とも「青鴬」とも読めそうな判然としない表記となっています。『狂歌文茂智登理』の翻刻を手がけた『古典文庫662』（平成一四（二〇〇二）年）も「青鴬」と翻字しています。一方、「筆写本」のほうは正確に「槙廼屋音高」と記します。この差異はいかにして生じたのでしょうか。WINMERGEによる画像の重ね合わせを利用してみましょう【図29】。

「音」の文字を左の「筆写本」は天頂の「立」の点から筆を下ろしています。それに対して右の「板本」では「士」に近い横棒から筆を下したように文字を彫っています。

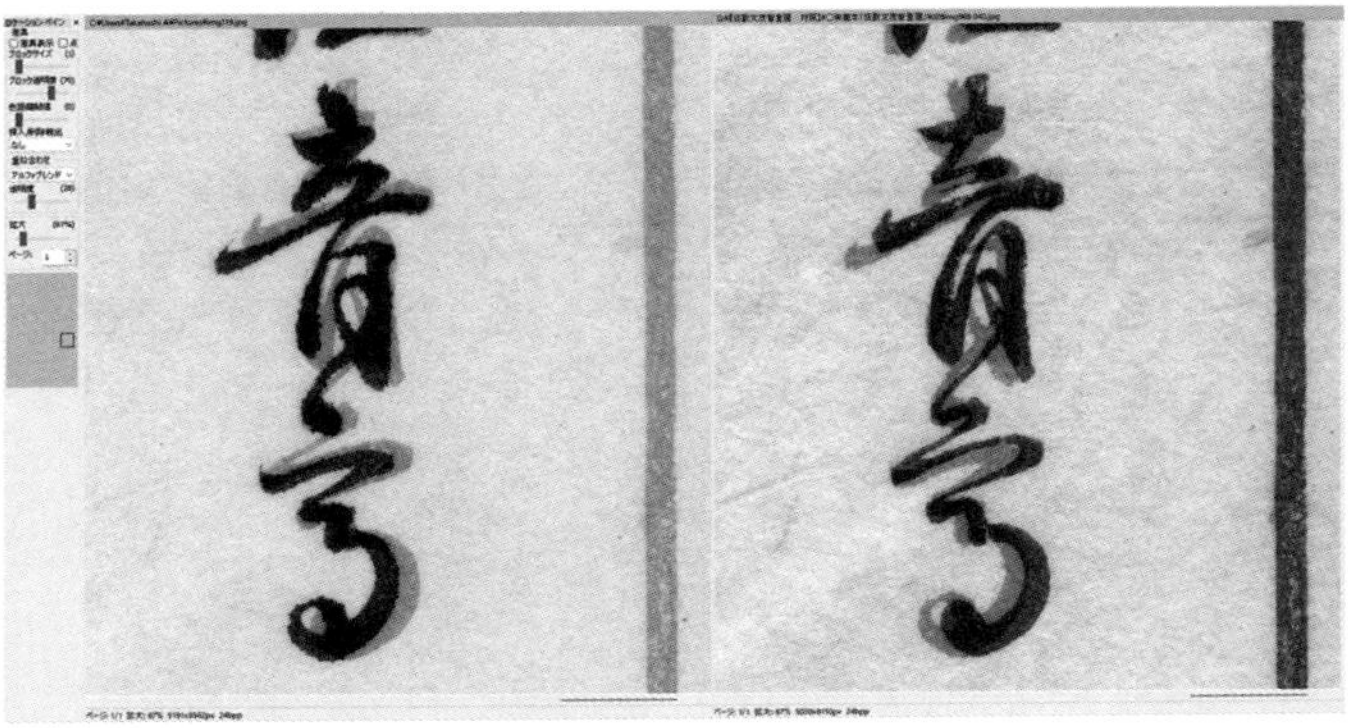

図30　「音高」（筆写本）・「青鴬」（板本）

「青」を念頭に置いた彫りが施されているのです。そのため下部も「日」ではなく「月」に近い形となっています。横長に強調すべき「立」の最終筆も「板本」では明らかに短くなっており、「日」の筆の流れではなく「月」を意識した縦線の反りがあり、「月」の構えの内にある筆の返しも繊細な表現になっています。やはり「青」としか読めません。

狂歌名の第二字の「高」も「鴬」を前提に彫りが施されています。「高」の最初の点が横に広がっていること、第二画の横棒が上部に膨らみ大きな丸みを帯びた返しに連なるために「ウ冠」のように見えます。冠の下の空間には「写」「板」二本間に配置上の差異がほとんど無いのですが、「板本」は冠の筆が大きく横に伸びることにより、下部が周や岡などの構えである「けいがまえ」に近い「高」の下部の文字構成ではなく「鳥」や「馬」のくずし字に近似したものとなっています。やはり「板本」は「鴬」と読めるくずし字なのです【図30】。

この「槙廼屋音高」の場合にも、同時代の狂歌に造詣がある人物であれば間違うはずのない翻字・刻字が「板本」では行われているのです。それが「版下」の段階での誤記なのか「彫り」の段階での誤認に基づく変更なのか判然としませんが、「稿本」に出版内容を確定させた後の作業工程で文字の変化・転換が起こった、と結論せざるを得ないのです。「音高」とある「筆写本」はオリジナリティーを有するのです。

（五）独自情報の保持―文字の誇張表現と毛筆文化―

岩坪充雄氏は「毛筆文化：『書』と書物出版の関係」（『書物・出版と社会変容』9、二〇一〇年）をはじめとした論文において、「毛筆」の果たした文化的役割の大きさを江戸時代の書物研究に反映させるべき、と提唱しています。大変貴重な提言かつ研究に導入すべき重要な観点です。こうした岩坪氏の毛筆研究の視点を承けつつ、「筆写本」「板本」の比較検討を続けます。

（ｉ）『狂歌文茂智登理』Ⅰ本に掲げられていた六朶園二葉の「序文」は一丁半に及ぶ堂々としたものであり、毛筆の筆跡を再現した「板本」の「序文」は丁寧な摺りとあいまって墨筆と見誤るほどの出来です【図31】。しかし、「筆写本」と並べて比較すると、筆の動きを見逃し彫り残したと見られる箇所を発見できます。まずは、狂歌界のカリスマ蜀山人先生の「先」です【図32】。

六画で構成される「先」の後半の二画は文字の座りを決定付けるべく力を込めて連続して筆記され、

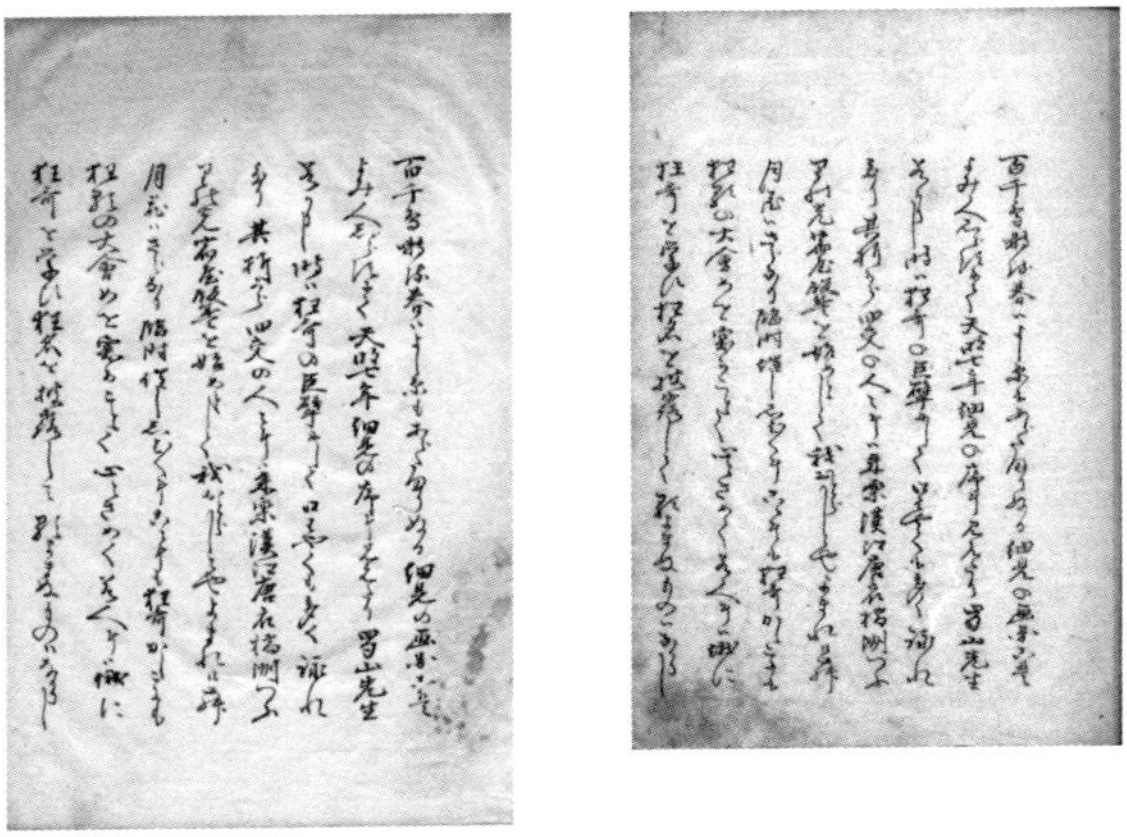

図31　「序文」　「筆写本」（左）と「板本（Ⅰ本Ⅹ系）」（右）

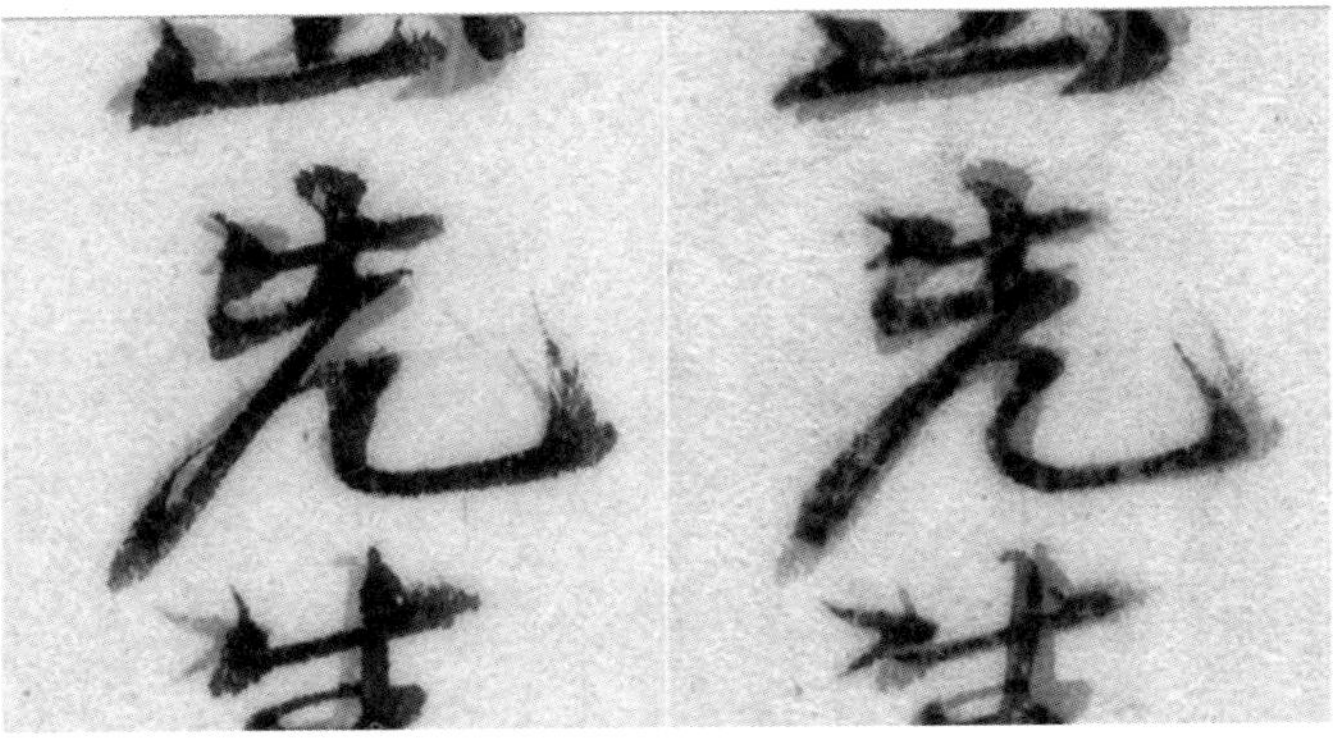

図32　「蜀山先生」（序文から）左「筆写本」・右「板本」

五画目の「はらい」は次の画へと弧を描いて続いてゆきます。そこに弧状の中空が生まれますが、その筆の「もどし」と中空とを彫りで再現するのは困難を極めます。「板本」を見ると、その箇所は筆が押さえられ、鉄腕アトムのお茶の水博士の鼻のような形をしています。これはこれでさほど不自然な形ではありませんが、「筆写本」の当該箇所と比べますと、「板本」の造形が毛筆の「筆写本」の再現を目指しつつも中空の処理を欠いたために生じたものと推し量られます。「板木」に逆転して貼られた「版下」に極僅かに残る空白の痕跡を彫りで再現することはできなかったのでしょう。彫師に同情するしかありません。

(ii) 狂歌の世界では、正月に今日の年賀状に相当する「摺物《すりもの》」を交換する習慣がありました。前年に著名画師に依頼して作成するのですが、趣向を凝らしたその「一枚摺《いちまいずり》」には豪華なものも多く、海外では「SURIMONO」という呼称のもとに浮世絵研究の中心分野の一つになっています。参考画像【図33】は、葛飾北斎の三〇枚ほどからなる「駒尽《こまづくし》」シリーズからの一枚で、画題は「木馬」です。文政五(一八二二)年の午年に作成され、依頼者は森羅亭万象《しんらていまんぞう》をはじめとした狂歌の巨大組織「四方側《しもがわ》」の面々です。

この「春興摺物《しゅんきょうすりもの》」とも呼ばれる出版物に言及する六朶園の「序文」中の「摺物」の「摺」の文字は、手偏に「習」の「羽」の部分がうねっています【図34】。「物」の左側の「牛偏」の入筆にも同様の特徴があります。前項で「高」が「蔦」になってしまったと論じましたが、この過剰なうねり表現も入筆が

図33　「狂歌摺物」
「木馬」（葛飾北斎「駒尽」、文政5（1822）年）

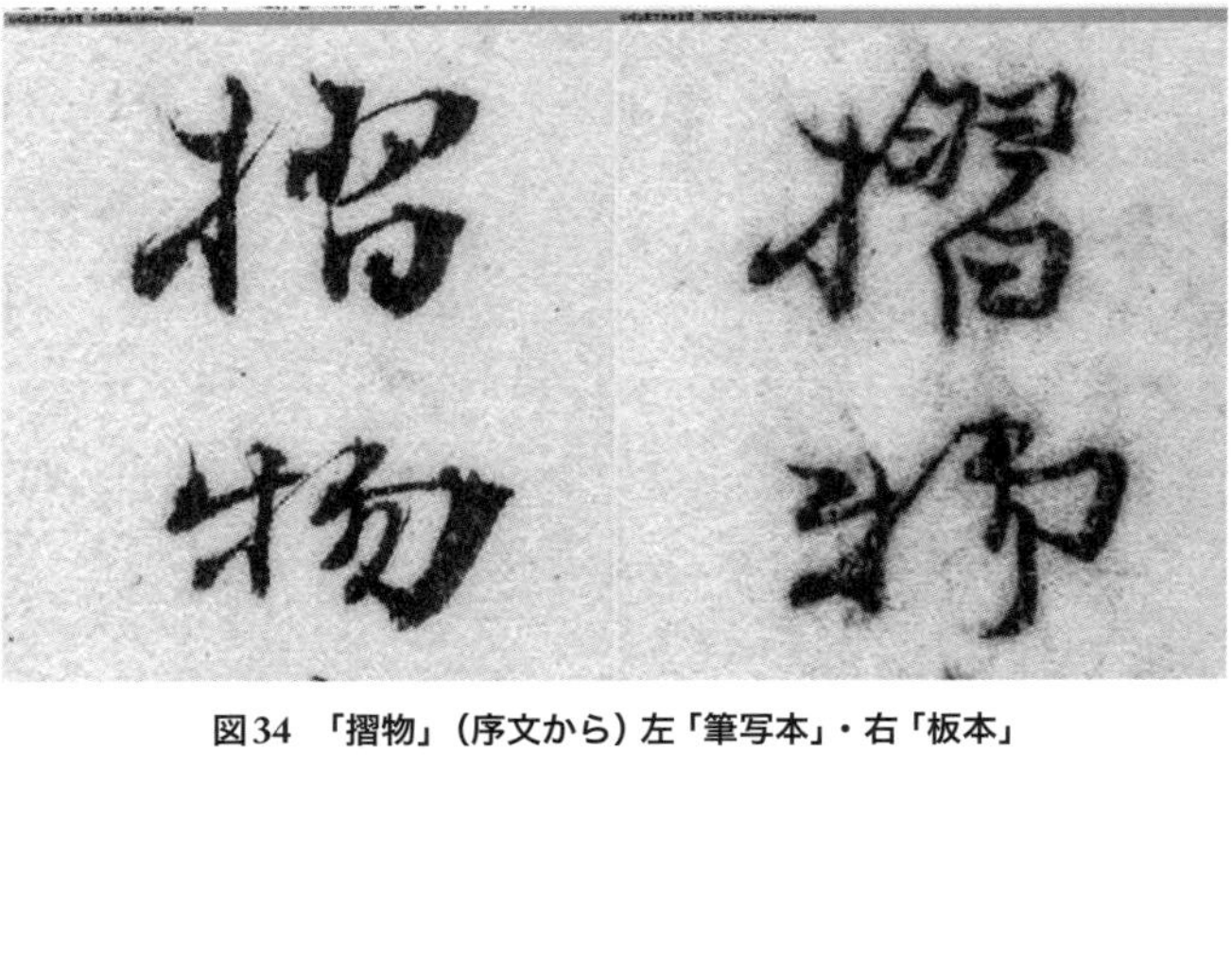

図34　「摺物」（序文から）左「筆写本」・右「板本」

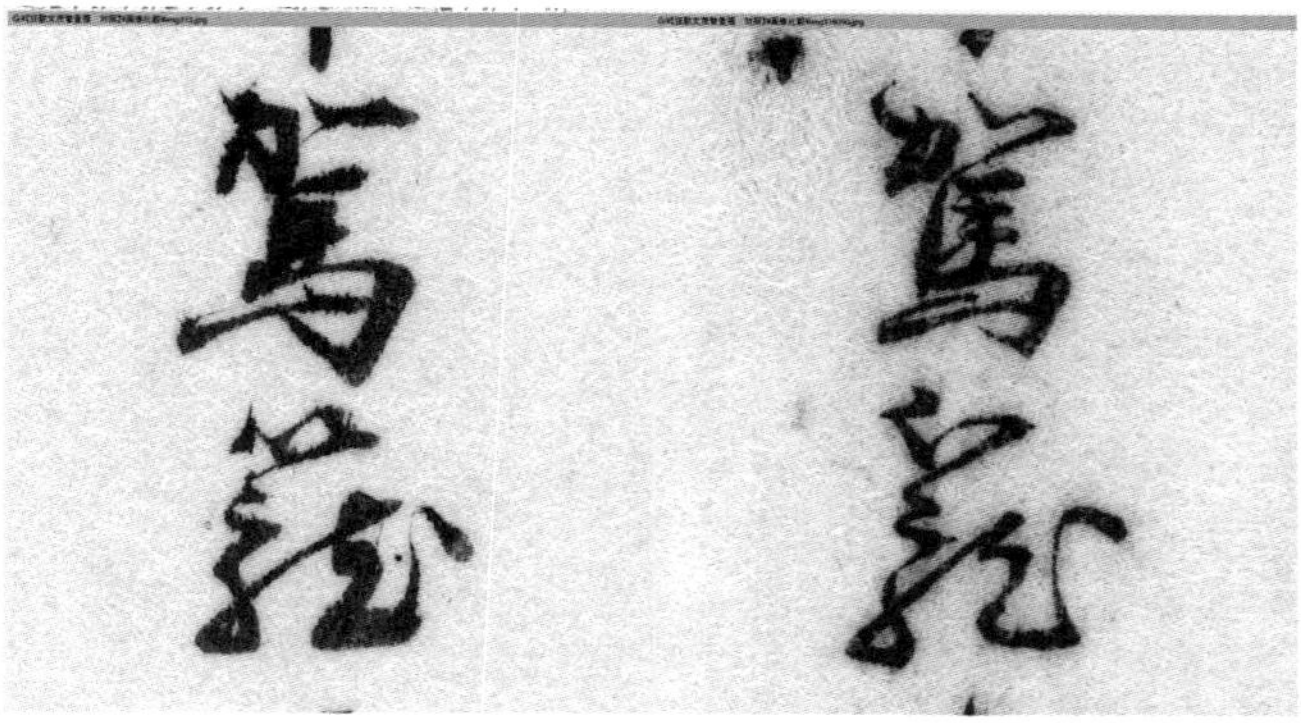

図35　「駕籠」（序文から）左「筆写本」・右「板本」

横向きになることが原因となって現れており、「序文」全体でも同じ傾向を指摘できます。

文字の勢いを彫道具を使って再現しようとする時、曖昧な線や筆先の微妙な返りなどの痕跡が影を潜め、強烈で特徴的な筆遣いになるであろうことは想像に難くなく、かえってそれが「板本」の読みやすさ・美しさになると考えますが、時にそうした過剰な運筆の強調が判読や翻字の誤りを誘発するのです。次の用例の検証に移りましょう。

(iii)曲げ自在な竹はアジアを代表する植物で、曲がりを利用して様々な製品に仕立て上げられ、その呼称も様々であり、竹冠の漢字も多いです。その竹製品を代表する語が「籠」です。

「序文」では蜀山人先生が同日に開催される狂歌の催しにタクシーのように「駕籠」を用いて駆けつける様子が記されますが、その「籠」の竹冠の入筆部はやはり横向きです【図35】。

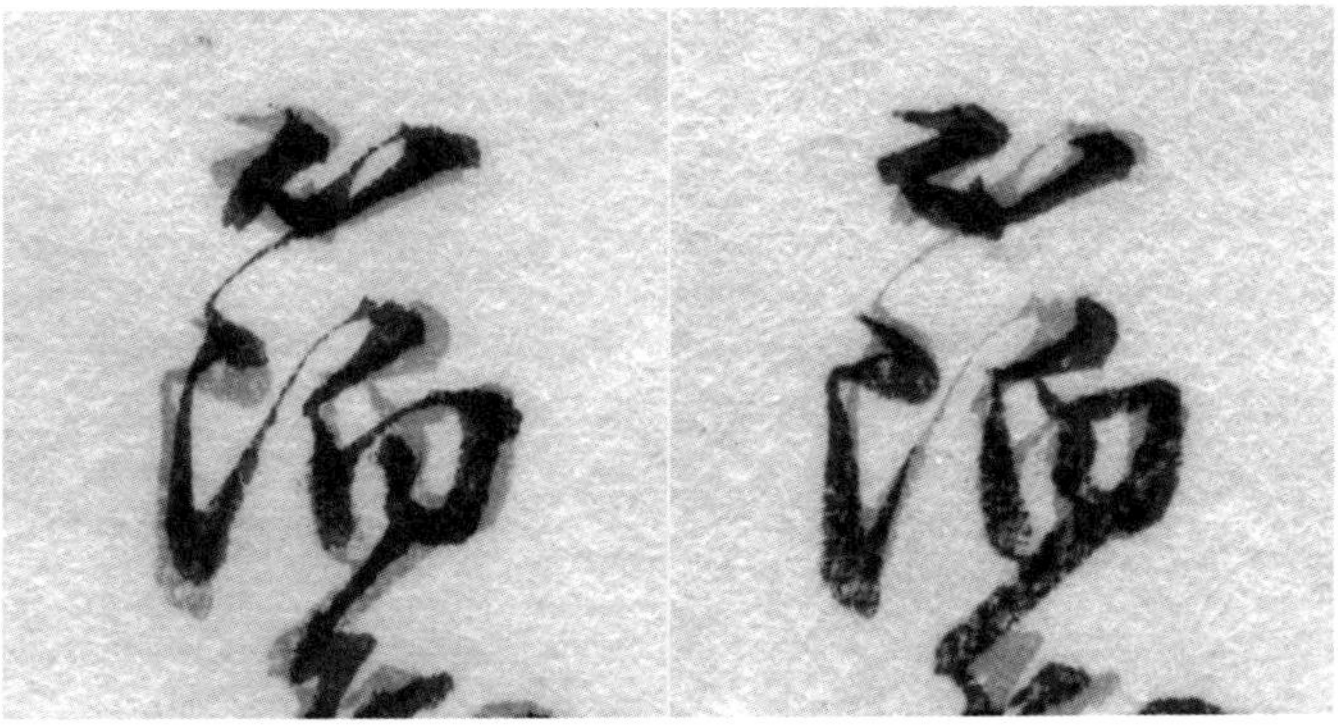

図36　「箔」（序文から）左「筆写本」・右「板本」

そして、蜀山人先生が向かった先の一つであろう『狂歌文茂智登理』の編者天明老人内匠の自宅は江戸日本橋の「箔屋町」にありました。金箔職人が多く住んだことからの命名らしいですが、そこには諸国からの滞在者も多かったらしく、旅宿も存在したようです。また、江戸狂歌の四天王の一人「頭の光」もしばしば訪れた、ということからかもしれませんが、「序文」には編者を紹介して「つふりの光る箔屋町天明狂歌の看板に偽のなき長寿の老人」とあります。ここに見える竹冠の「箔」も勢い余って誤読を誘発しています【図36】。

「古典文庫本」は「箔屋町」を「御泊屋町」（二三六頁）と翻字していますが、そのように判読するのも当然です。「箔」の「竹冠」と下部の「泊」との間にあいまいな空白が存在し、「竹」の入筆が異常な横向きなために「竹」が「御」と見え、「泊」も独立して見えるのです。もちろんこの「箔」が他の文字に比べ大きな文字だったことも二字に分割される要因です【図37】。

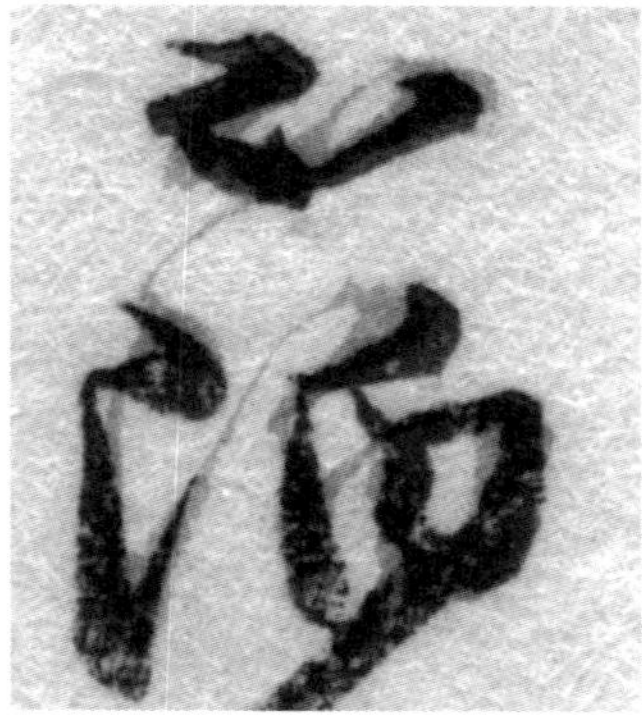

図37　「箔」の拡大図。空間があるため二字に見える。

ところで、この「箔」の「筆写本」で当該箇所を見ると興味深い事態が浮かび上がります。

「筆写本」と「板本」の「箔」のサイズには大きな違いがありません。「竹」と「箔」の間の空間にも大差がありません。それどころか文字配置は一致しているのです。この一致は「稿本」と見なされる「筆写本」を下に置き、それをなぞり「版下」を作成する際に、あるいは「彫り」の段階で「書き癖」を過剰に強調したために「板本」では自然な筆の流れが再現できなくなってしまった証左となるのです。

「筆写本」が「竹」と「泊」の「さんずい」を細い線で接続させるのに対し、「板本」では「竹」と「さんずい」を結びつける筆先の墨の滴りの連続がなくなったのです。「竹」の第一筆が横に強調されているのと完全なブランクがあること。この判読者を悩ませる「板本」の特徴は「稿本」から「版下」「彫り」へと作業工程が進む中で徐々に拡大して生まれたように見えるのです【図38】。

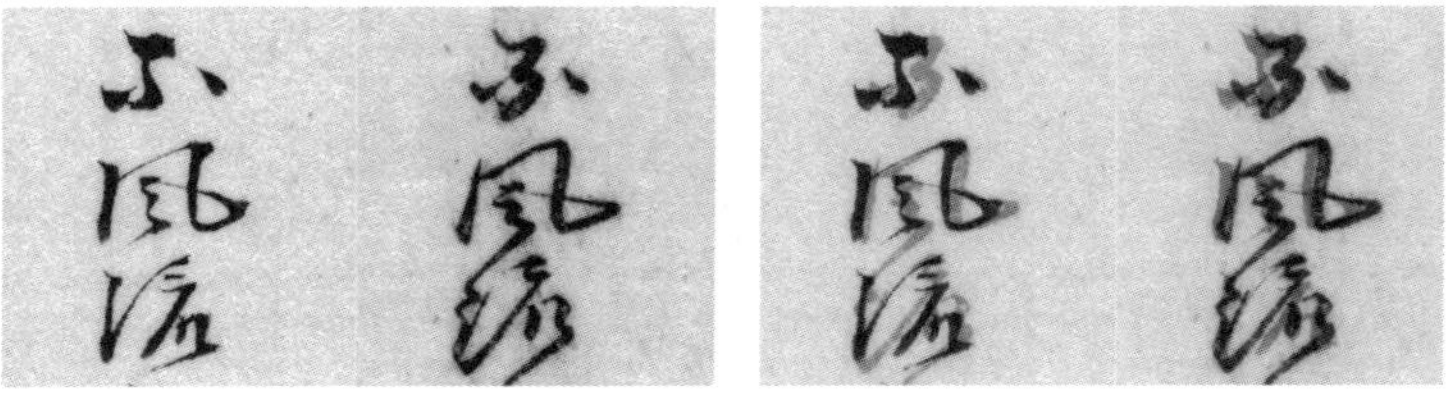

図38　「不風流」の「流」

（ⅳ）最後に、長文の「序文」の最終部を「筆写本」と「板本」の文字配置を意識しつつ重ね合わせてみましょう。すると、「筆写本」の筆の流れや勢いを「板本」が再現しようとして、逆に筆の流れに破綻をきたす箇所や筆の勢いを強調するあまりに文字が別字に見えてしまう例などが散見されます。例えば、図38の「不風流」の「流」字のさんずいのハネが「板本」では二方向に分岐しています。同様に【図39】の「看板」の「板」のつくりである「反」は勢いにまかせて特徴的な上下動のある姿になっています。これを「板」と読めるか否かは見解が分かれそうです。

他にも毛筆文字の再現性に疑問を差し挟まざるを得ない箇所がありますが、出入りする行間の幅が一致するなど【図40】、「序文」を見る限り、「筆写本」に準拠して「板本」が作成されたと考えて支障はありません。

すなわち、当該「筆写本」が『狂歌文茂智登理』の「板本」の模写本ではなく、「板本」を制作する際の「稿本」であるとみなすと、これまで論じた諸種の差異や「板本」の不自然さの理

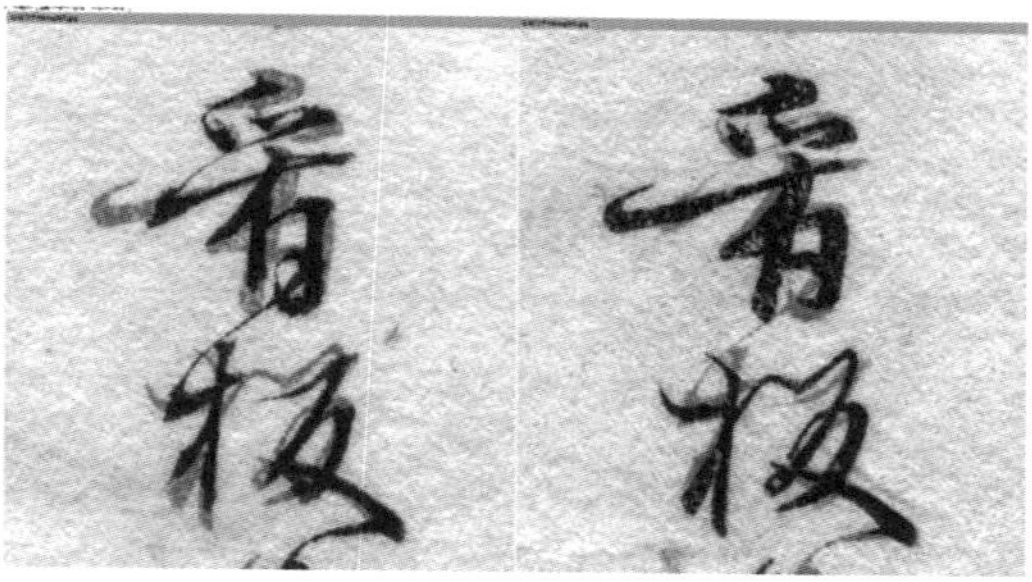

図39　左「筆写本」・右「板本」

由が理解されるのです。挿絵部分はもちろん歌川広重が描いたものであり、本文の文字部分も広重が担当した可能性があります。その点の断定は控えますが、ともあれ架蔵「筆写本」をもとに「版下」が作られ、それが「板本」に結実したのではないか、というのが今回到達した結論です。次頁の【表5】に問題にした点を整理しましたので、ご参照願います。

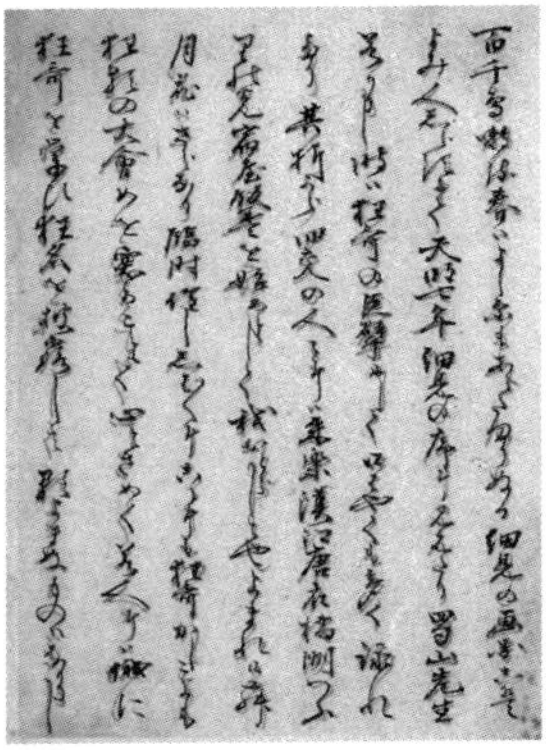

図40　「序文」を重ねたもの。「筆写本」が上面。

表5　【今回の問い　AかBか】

A「稿本」から「板本」を作る／B「板本」を「筆写」する

【鑑定結果はA】:「筆写本」は「稿本」だった

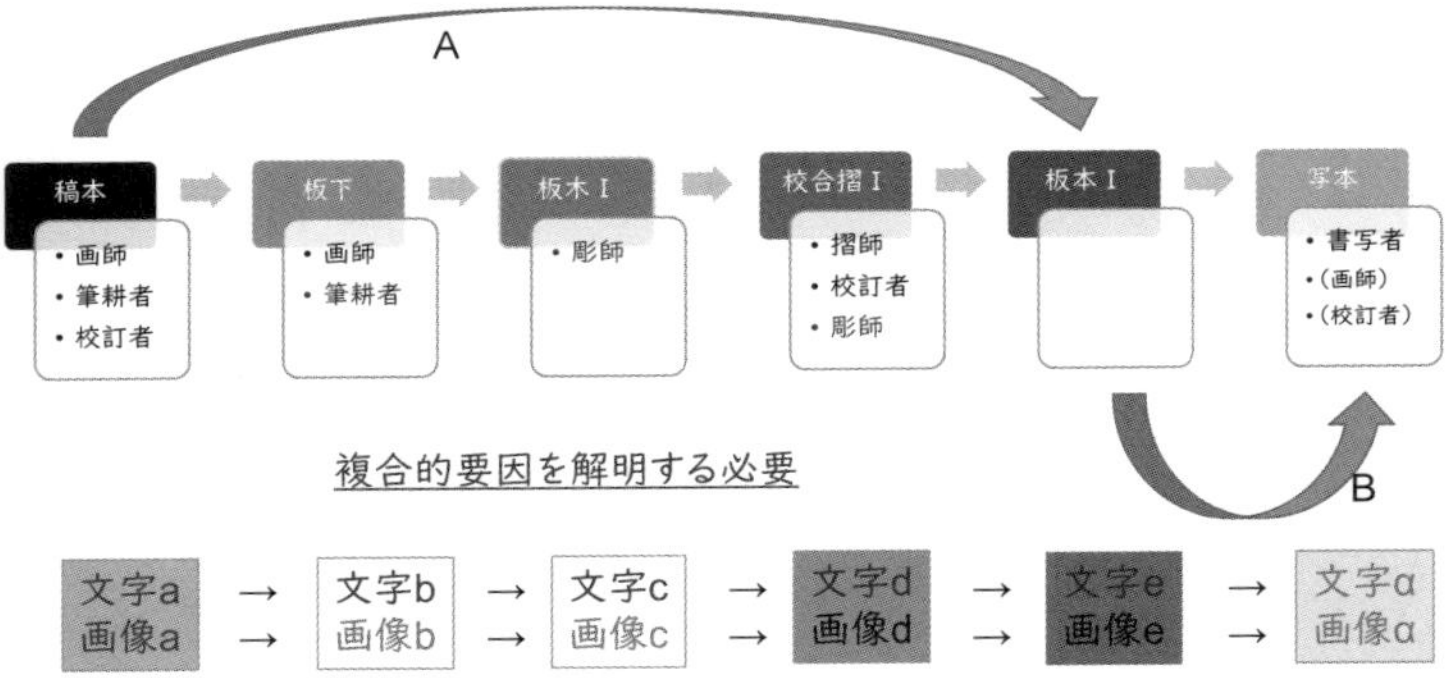

おわりに　スキャナーによる画像保持の推奨―コピー機に代わるもの―

今回行ったのは、フラットベットスキャナーを用いて『狂歌文茂智登理』の諸「板本」と「稿本」の解像度800dpiの画像を作成し、その画像を「手軽にななめなおし」というソフトウェアーで角度調整し、「WINMERGE」を使って比較検討するというものでした。比較に当たっては、画像の重ね合わせ（マージ）機能を用い機械的な差異の検出につとめましたが、差異の解釈や描画・書写の過程についての判断には多少の経験値を差し挟みました。一連の検証作業自体は誰にでもできる簡便な方法を採用したつもりであり、「板本」研究の中心課題である「刊・印・修」の具体的な検証方法を示すことを目的に、デジタル機器やソフトウェアーを選定しました。そうした機器等を使用した単純作業を通じて、『狂歌文茂智登理』の「板本」の時間経過にともなう変化をたどり、架蔵の「筆写本」が「稿本」であるとの結論に至りました。

作業の導入部となったフラットベットスキャナーによる資料の読み込みは、現在ほとんどの図書館や資料館などでは認められておらず、800dpiの画像の自由な利用・公開も自前の資料であったからこそ可能となりました。言わば「特殊な条件下」での例外的な考察であったことは否めません。

今日の研究状況からすると、異例な検証方法ではありましたが、用いた技術はひとり「板本」研究に限らず、古文書や美術作品の検討にも転用可能な汎用性のあるものであり、入り口のフラットベットスキャナーによる画像読み取りも資料への負荷の少ないものでした。こうした画像取り込み技術・方法が公認されるようになれば、中野三敏氏が称揚した「コピー機」の優越性を踏まえた手軽な機器による「板本」研究の時代を招き寄せることができると考えます。

報告者はデジタル機器やソフトウェアーを駆使するような高等技能を持ち合わせていない普通の研究者であり、機器利用の技術・公開方法にもまだまだ問題を残しますが、もし検証過程で示した具体的な画像の作成方法に興味を持っていただけたり、フラットベットスキャナーの利用という研究方法を実践してみようという読者・研究者が一人でも生まれたとすれば、未来の学問方法を語るという本書の統一課題に一応の答えを出したとして安堵できそうです。

言葉のサイズ

戸島貴代志

3　言葉のサイズ

戸島　貴代志

はじめに

「『方法序説』の一、二頁を実例に取ってみると、方向が逐一定まっている思考の行き来（aller et venir）が、句読法の示すようなリズムの効果だけによって、すなわちはっきり声に出して行う正確な読み方の示すリズムの効果だけによって、デカルトの心（esprit）から我々の心に移ってくる…。」（H. Bergson, *La pensée et le mouvant*, PUF, p94, 傍点引用者）

文を声に出して読むいわゆる朗読が、教育（特に初等教育）において重要な役割を果たすことはよく知られています。多くの場合古典的名著が選ばれますが、テクストの如何にかかわらず、読みのリズムやテンポが、そのさいの朗読の出来・不出来を左右することならままあることです。句読点ひとつで文の意味が変わることなどもしばしば経験されますが、右の引用は、朗読の際の句読法に則ったリズムの働きを最大限に強調している点で、そうした我々の常識的な感覚とは少し趣が異なっています。

一般に、テクストのスタイルひいては思考のスタイルを形成する一つの要因としての、リズムやテンポといった時間的要素は、さらにそれらが読み手によって実際に身体的に遂行されることを通して ― すなわち朗読によって ― より効力を発揮すると考えられています。引用のベルクソン（一八五九―一九四一）も、作品について論ずる前に、朗読によって作家の「身振りや態度や物腰」を身体的にまねることのほうが先だと、別のある教育論の中でも述べています（『精神のエネルギー』、「精神と身体」）。

興味深いのは、そこでもベルクソンが、冒頭の引用と同じく、思想家の思考の動勢が「リズムの効果だけによって」読み手に伝播する、と考えている点にあります。考えにくいことですが、文のリズムだけで思考のおおよその動向は描き出せることを、そればかりか、このリズムこそが「我々を直接に作家の思想と連絡させる」ことを、彼はそこではっきり事実として報告しているのです。冒頭の引用が我々に与える若干奇異な印象も、言語・時間・身体の連携を強調するこのベルクソンの考えに沿ったところからくるものと思われます。

もちろん、自国の古典であれ母語以外のテクストであれ、文意の理解や解釈には最低限の語句の知識が必要であることはいうまでもありません。冒頭の引用とてフランス語を母語とする人たちを前提してのことでしょう。これを踏まえてなおしかし、そうした語句的次元を越えたものに一挙に触れさせるのが朗読の役割 ― 詳しくは朗読における時間的要素の身体的再現の役割 ― だということを、ベルクソンは極めてラディカルに主張するわけです。本稿では、こうした言葉における時間性や身体性の問題を通して、言葉のサイズということについて考えてみましょう。

一・思考のテンポ

言葉における音楽性や時間性の役割を重視する考えを、ベルクソンと同時代人であり、同じく「生の哲学者」として並び称されるニーチェ（一八四四―一九〇〇）も共有しています。

「言語において最も理解しやすいものは語句そのものではなく、一連の語句がそれによって語られる音調、強さ、転調、テンポである ― ようするに、語句の背後の音楽、この音楽の背後の情緒、この情緒の背後の人格、したがって記述されえない一切のものである。」

(Nietzsche, *Die Unschuld des Werdens*, 508)

もとより独自な思想は独自の文体を持っており、独自な文体は独自なテンポを持っています。ニーチェ自身は、思想に織り込み済みのそうしたリズム・テンポとして、モデラートとヴィヴァーチェの中間であるアレグロ（軽快）を好んだといわれています。軽快なアレグロ・テンポは軽快なアレグロの思想を運んでくるわけです。すなわち、ニーチェが欲した ― したがって本人には欠けていたかもしれぬ ― 「自由で、軽やかで、遊び戯れる空気」(Nietzsche, *Ecce homo. Wie man wird, was man ist,*『この人を見よ』八)が、自由で、軽やかで、遊び戯れる思考・思想、すなわち軽快なるアレグロの思考・思想を連れてくるということです。文体のテンポを重視することに関して、同書ではさらにこう記されています。

「パトスを孕む一つの状態、一つの内的緊張を、記号の連鎖、ならびにそれら記号のテンポによって伝達すること、これがおよそ文体の意味である。」(四節)

「よい文体とは、一つの内的状態の真の姿を伝えるものであり、記号、記号のテンポ、身振り ― 複雑な構造を持つ文章の法則はすべて身振りの技術なのだが ― の行使をやりそこねない文体である。」(同)

同じ「軽快さ」でも、反復しかないラヴェルの『ボレロ』をベルクソンが酷評したことはよく知られていますが、ニーチェであれベルクソンであれ、いわゆる「生の哲学」が音楽という時間芸術を重視するのは偶然ではありません。いうまでもなく、「生の哲学」における生命の観念あるいは「流れ」の観念そのものが、もともと時間を本質とするもの、その意味では音楽的なものだからです。生の流れが時間を本質とするのなら、その生を成す思考や人格の質を当の思考や人格を貫く時間の質のほうからみるのは自然なことでしょう。

ただし、リズムやテンポで思考を決定してゆくということなら、ヨーロッパ以外でも、たとえば東アジアにおける禅の「公案」の解釈などでもたびたび行われています。公案禅（看話禅《かんわぜん》）として知られる臨済禅のテクスト『臨済録』を例にとるなら、形の上では対句になっていなくても、音読してセンテンス・リズムをとってみてはじめて対句であることがわかり、またそのことによってはじめて対句でない場合との意味の相違が明瞭となる、といった文例がいくつもあります。また、それ自体が「読誦《とくしょう》されるもの」すなわち音読の意を持つイスラムの経典『コーラン（クルアーン）』も、原典は実際に声に出して謡われることを前提に記されたアラビア語の散文詩です。むしろこの種の事例なら宗教的詩文では通例ともいえるでしょう。さらに、このような詩や俳句・短歌といった韻を踏む文でなくとも、日常のなんでもない作文や日記等を書くときでさえ、語呂のよさやリズムに気を配って書いた覚えなら誰にでもあるはずです。

冒頭の引用を再び見てみましょう。ここでは、リズムやテンポだけで思考の動きが理解できるという点で、言葉における時間性の比重が、したがってそれを読み取る際のある種の身体感覚の比重が、それぞれきわめて大きい、ということが大切なのでした。このことについてはニーチェの引用における「情緒」の役割にも同様のことが見て取れました。作家の「心」や「情緒」や「人格」が、文のリズムやテンポといった時間的・音楽的要素を通して立ち現れてくること、したがって、それらはこの時間的・音楽的要素を読み手が身体的に遂行することによって理解されるべきものであること、こうしたことが両者ベルクソンとニーチェとに共通して読み取れるということです。

次の二節および三節では、ある原始的な言語の特徴をもとにして、言語における時間的要素や身体的要素の役割について少し具体的に見てみましょう。

二・言葉の時間性と身体性

文には、「私は走る」や「そのバラは赤い」といった単純なもの（単文）から、文に文が含まれるより複雑なもの（複文）まで、その形式面だけでも様々なものがあります。単文から複文の出来上がる過程には、しかし言語の種別を問わず一定の法則性があり、それは言語学では「リカージョン」という一種の再帰構造によって説明されます。〈実行すると自分自身を参照するような手順および命令形式〉として、一般には数学的に定義されるこのリカージョンは、自分自身の出した音を拾って無限に増幅し続けるアンプの、いわゆるフィードバックにも比せられます。「「「それは～である」と彼は考える」」と彼女は推測する」」と…、というように、節が節をいくらでも含むことができる重層構造を思い浮かべてみてもわかるように、原理的には無限に反復可能なこの開放構造は、いわば己において己が己の中に映されてゆく動的な入れ子構造ともいえます。この構造が元来単純な言語をどこまでも複雑化させ、言語に無限のバリエーションと無限の創造性をもたらすことが、二〇〇二年にチョムスキーらによって雑誌『サイエンス』に発表されました。

これに対し、二〇〇八年、リカージョンの存在しない言語 ― piraha（ピラハあるいはピダハン）といわれるブラジル先住民の言語 ― の特殊な文法構造が発表され、先のチョムスキーらの主張との間で大きな論争を巻き起こしました（この経緯に関してはD・L・エヴェレット『ピダハン』、屋代通子訳、みすず書房、に詳しい）。

リカージョンが存在しないとは、この先住民の言語では、話し言葉、書き言葉のすべてが単文で構成されるということに代表され、それはたとえば関係詞や接続詞を用いて表現されるべき内容が単文の羅列で表現される、という現象に現れます。これの具体例として、前掲訳書『ピダハン』では、「針を持ってきてくれ。ダンが針を買った。同じ針だ。」といった表現が挙げられています。「ダンが買った針を持ってきてくれ」と、通常なら関係詞や関係節を用いて表現されるべき内容が、この先住民の言語では三つの単文のセットで代行されるのです。A「針を持ってきてくれ」、B「ダンが針を買った」、C「同じ針だ」という三つの独立した単文がまとまって発話されることで、関係文と同じ効果が現れるわけです。

ここで、同書の著者は特に指摘していませんが、そのさいA、B、Cの各々が比較的時間的に近接してテンポよく発話されること、およびABCの全体が前後の文脈に沿ってタイミングよく発話されること、すくなくともこの二点が関係文としての効果を生む上で重要な契機となるように思われます。A、B、Cの各々の間（ま）が空き過ぎるとそれぞれが分散してまとまりがとれなくなり、場合によれば各々が別の文脈に組み込まれかねません。また、ABC全体がその前後の文脈において適正な間で発話されないと、ＡＢＣ全体としてのそもそもの状況に即した意味が読み取りにくくなります。そして、これらの〈間〉は、適切なタイミングやテンポやリズムによって保たれる、ということです。

その場合、それらタイミングやリズムやテンポは、さしあたり話者個人のそれでありながら、しかしむしろそれに先立って、聞き手とのある種の〈間合い〉を中心に成り立ったそれでもなければならないことに注意しましょう。さらにそうなると、話者と聞き手との関係の緊密性もさることながら、そうしたタイミングやリズムやテンポといった時間的性質は、話者も聞き手もともに属する共同体の時間性（社会環境の時間性）を、ひいてはその共同体の属するその土地の風土の時間性（自然環境の時間性）を、おのずと反映したものともなっているのではないでしょうか。

すなわち、もとより話者の言葉の時間性（音楽性）は聞き手との間での時間性（音楽性）であり、右にも述べた〈間〉を司るこのいわば間時間性（間音楽性？）は、共同体全体を通底する一種の基音を成しているということです。大切なのは、さらにこの基音それ自体が、それに先立つより基本的な、この共同体の根ざす大地の自然風土からくる土着の通奏低音の、一種の倍音にもなっているという点にあります。個人の生の時間性はその個人の属する共同体の時間性を反映し、この共同体の時間性は――この共同体が原始的でシンプルであればあるほど――土地の風土の時間性をダイレクトに反映するということです。

さらに前掲書では、この先住民の言語のもう一つの顕著な特徴として、「左右」の観念が存在しないこと、および血縁関係を表す名辞がきわめて少ないことの二点が挙げられています。

「左右」といった方向観念についてはたとえば「川の上流、下流」という言い方がなされるそうですが、方向の指示および方向感覚は常に大地と地続きになった身体を基準に表現され、大地から切り離された身体には独自な方向観念が存在しないらしいのです。しかもその場合の〈大地との地続き感〉は、いわゆる東西南北といった、太陽や月を基準にしたいわば地球的サイズあるいは天文学的なサイズのそれではなく、「近隣の川」などの馴染みの自然物を基準にした、その意味では日常の生活空間に見合ったサイズのそれです。ここでの方向感覚はきわめて実生活に即した土着的な身体感覚だということです。ちなみに、高い所のモノはいらず、地面にあるものだけでよい、と彼らは考えるようですが、このことも、いわば上空飛翔しにくい彼らの特殊な身体感覚・思考特性を反映する一徴表と考えることができます。

また血縁関係については、これを表す名辞が「親」、「親の親」、「息子」、「娘」、「同胞」しかなく、そのぶん血縁を基盤とした社会的制限も限定的となります。この点と、上述の方向観念の特殊性とを併せて考えるなら、大地と地続きとなった実際的で土着的な身体性と、シンプルな名辞に現れる同じくシンプルな社会的・人為的制度とが、その独自な言語体系において互いに連携している、これがこの論者によるピダハン文化の最も重要な特徴となると考えてよいでしょう。

大地と地続きになった身体の時間が当の大地の時間を反映するならば、この大地の時間は、この地に根付く共同体がシンプルであればあるほど強くそこに滲み出るでしょう。そのシンプルな共同体の構成員としてこの地に生きる個々人の生は、当の共同体の織りなすリズムやテンポを、したがってこの共同体の生い育った大地の時間を、ともにいわば和音を成す仕方で奏でているということです。ようするに、「川の流れ」に沿って生きる人々の土着性は、その川の流れのリズムに沿った土着性でもあるわけです。すなわち、そうした土着性を基音とするその倍音としての共同体の時間性も、さらには、その共同体を構成する個々人の間時間性も、右に「和音」と表現したように、ともに端的に「川の流れ」をリズムの母胎とした、いわば相互に家族的類縁性を持つ時間性となるということです。

もちろん「川」だけではありません。「風」も「木々」も「花」も「鳥」も、自然のリズムを奏でるすべての存在が、倍音としてのこの間時間性の一種のサイズの形成に参与し、さらにこの地に暮らす者たちの身体感覚の空間的サイズの形成にも参与しています。すなわち、彼らの生きる大地の山川草木が太陽や月をはじめとした宇宙的サイズのリズムにも従っているかぎり、その大地と地続きとなっている彼らピダハンの身体性を司るリズムも、やはり結局は同様のサイズにまで及んでいるということです。ポイントは、このような彼らの存在形式が、リカージョンの存在しないその言語形式に端的に現れていること、すなわち、文意はもちろん、或る意味では文法までもが時間的要素に依存するという独自な言語構造が、この先住民の暮らしの基底を成していることにあります。

三、挨拶について

構造面での複雑化を辿る以前の、いわば言語のプロトタイプともいい得るピダハン言語のこうした特徴について、前掲書の著者が真っ先に興味を引かれたのは、じつは通常の言語学に謂う「交感的言語使用」――「こんにちは」、「さようなら」、「ご機嫌いかが」、「すみません」、「ありがとう」、「どういたしまして」等々のいわゆる挨拶《あいさつ》表現――が、この先住民の言語には存在しない、という点であったといいます。

挨拶表現がないかわりに、たとえば「ありがとう」や「すみません」といった気持ちすなわち感謝や謝罪は、すべてなんらかの行動で即座に返されることが同書では報告されています。一般に挨拶は人間関係の潤滑油ともいわれますが、潤滑油が不要なほどこの先住民族の人間関係は円滑だったのでしょうか。あるいは、先の血縁関係を表す名辞の少なさに代表されるシンプルな社会的・人為的制度の下では、もはや挨拶さえ不要なほど個々人の人間関係もシンプルにして親密かつストレートなものとなるということなのでしょうか。おもえば、リカージョンのない単文表現によるコミュニケーションも、まずは相手との関係の親密性に基づく暗黙の相互了解が支えとなってはじめて可能なのでした。

たしかに、交感的な言語コミュニケーションすなわち挨拶言語の発達は、社会の拡大に伴う多様化や複雑化と相関します。よく言われるように、社会の拡大・多様化・複雑化は見知らぬ者との出会いをより頻繁にし、見知らぬ者との出会いが頻繁になればなるほど、それだけまずもって敵意のないことを互いに表現する機会が増すからです。

しかしながら、多くの挨拶表現が、単に複雑な社会を生きる人間の潤滑油としてだけでなく、すなわち、人と人との出会いの瞬間におけるある種の緊張を緩和し遣り過ごすものとしてだけでなく、そうした緊張のうち、ある意味では遣り過ごされるべきではない緊張をも遣り過ごしてしまうものとして機能しているとしたらどうでしょう。さらには、この遣り過ごされるべきではない緊張を、むしろ覆い隠してしまうものとしても機能しているとしたらどうでしょうか。これについては次節以下で触れますが、複雑にして多様きわまる社会を生きるアメリカ人は「ありがとう」を言い過ぎるといわれているそうです。

四．実践的関心

ここで挨拶について、ベルクソンの「生の哲学」における「実践的関心」や「行動の要求」という考えを軸にして、少し立ち入って考えてみましょう。

ベルクソンのいう「実践的関心」や「行動の要求」、そしてこれらに基づく「製作」や「産業」は、「今あるものに占められるかかわりに、必要ならば、すでにあったもの、もしくはあるとよかったものに関わっていられる」(*La pensée et le mouvant*, PUF, p107)、生のプラグマティックな行動能力を中枢としています。この「実践的関心」に沿って動く精神は、〈自分のいる時と場所〉を〈自分のいない時と場所〉のほうから眺め、後者を用いて前者を表す能力を持っているわけです。

このような能力を共時的な側面から言うなら、自分の立場 — 文字通り〈立っている場所〉も含めた自分の置かれた場 — の外から自分を省みて自分を他者と比較する能力（つまり反省の能力）となります。またこの能力を通時的な意味に取るなら、自分の現在を過ぎ去った過去や来るべき未来のほうから顧みることのできる能力（つまり回顧の能力）となります。共時的側面、通時的側面の両面に股がるこうした精神の働きには、しかし己の〈いま・ここ〉たる「事象」réalité（リアリティーあるいは真の実在）を、事象そのものとしては捉え損ねる側面もあることを、ベルクソンが「時間の空間化」 — 生の流れという時間的な事象実質が固定されて空間内へと並置されること — として解明したことはよく知られています。

この「捉え損ね」の原点にある、〈いま・ここ〉を飛び越え事象から遊離するあり方を、ベルクソンは、「事象に遅れをとる」、「事象を前にして躊躇《ちゅうちょ》する」、「決着を先送りする」（retarder sur la réalité）とも表現しています。右の反省や回顧といった一種の自己距離化的な態度を可能にするこのretarderという精神の働きは、「事象」との直接的接触を取り逃がす「実践的関心」の陥穽あるいは非力を招くものでもあるのです。しかしながら他方で、もともとこのretarderという働きは、「今あるものに占められるかわりに、必要ならばすでにあったもの、もしくはあるとよかったものに関わっていられる」能力、すなわち「実践的関心」における効率的な事象処理能力ともなるものでした。総じて、

「事象」つまりコトにあたって retarder（遅れる、遅らせる、先送りする、躊躇する）という、「実践的関心」の中枢を成す一種の時間的な作用は、「事象」から距離をとることでこれを効率的に処理する能力にして、同時に「事象」を直接把握し得ない非力のゆえに「事象」そのものを隠蔽する、いわば諸刃の剣となると考えてよいでしょう。

ここで、現在にあって現在を取り逃がすこの「実践的関心」の非力の側の反対事例として、前節で述べたブラジル先住民族の生活様式の特徴を考えてみることはできないでしょうか。すなわち、挨拶表現の不在という事実に端的に現れている即時的・即自的・即物的な現在中心の生き方 ─ コトにあたって「遅れる・遅らせる・先送りする・躊躇する」ことのない生き方 ─ を、「実践的関心」の事象処理能力に沿った効率的な生き方の反対事例として、これに対置することはできないか、ということです。過去の保持も未来の予持も極小化する純粋現在に生きる生き方を、未来に備え過去を保持する「実践的関心」の対蹠《たいせき》に置いてみることはできないか、といいかえてみてもよいでしょう。

前節の末尾でこう述べました。人と人との出会いの瞬間における ─ 場合によってはいわゆる一期一会ともなる瞬間の ─ ある種の緊張を緩和して遣り過ごす挨拶（という日常的な習慣）が、ときに遣り過ごされるべきではない緊張をも遣り過ごし、この緊張をむしろ覆い隠してしまうものとしても機能しているとしたら、と。かりにそうだとした場合、遣り過ごされるべきでないもの、すなわち一期一会の生の瞬間を、ときに遣り過ごす、隠蔽《いんぺい》する、という点が、かの先住民たちの挨拶表現のない生活ではいささか事情が変わってくることが容易に想像されます。

すくなくとも、彼らの即時的、即物的な現在中心の生活様式が、その挨拶表現のない生活様式──謝罪や感謝が、言葉による挨拶表現によってではなく、その場ですぐになんらかの行動で示されるという生活様式──と相関していることは確かでしょう。重要なのは、この相関が、遣り過ごしてはならないものを遣り過ごしてしまうという挨拶機能のマイナス面を、いわば暗暗裏に逆照射するかたちで、このマイナス面をそれとして浮き彫りにしている可能性があるという点です。

ただし、挨拶言葉がなくとも、習慣としての挨拶機能なら、このブラジル先住民族の「即座に行動で返す」場合にも見出せるかもしれません。「ありがとう」の言葉の代わりに即座に返される行動そのものがある時点で習慣化し、その後はこれがいわば挨拶代わりとなる、ということなら大いに考えられることだからです。その場合、この先住民族とて、やはり〈一期一会〉を遣り過ごす習慣的な生活を送っていることにはかわりはないということになります。右の「実践的関心」との関係を探る上でも、前書著者によるこの先住民の暮らしのその他の主立った特徴を以下に五点だけ挙げておきましょう。

① 道具の加工や芸術がない（長持ちするモノはつくらない）。
② 儀式がない（実際に見聞きしていない事柄についての定型表現がない）。
③ 食べ物は蓄えない（その都度あればあるだけ食べ尽す）。
④ 夢は現実の一部あるいは延長である（夢も現実もともに直接体験である）。

⑤　数や勘定の観念がない（対象を一般化したり分類したりしない）。

これら五点は、まずもって瞬間の状況に即した直接体験を重視する生き方をはっきりと描き出しています。あるいはこれらは、過去を保持することも未来を予持することも極小化する、あの純粋現在を生きる生き方を、すなわち事態の先取りや先読みや先送りといった　―　先に自己距離化的とも表現した効率的な　―　態度のほとんどない即時的・即自的・即物的な生き方を、より色濃く浮かび上がらせています。挨拶表現の不在という事実も、こうしたいわばその場で決着をつける生き方の一側面と考えてよいでしょう。このような生き方を、己の〈いま・ここ〉たる「事象」の直接的把握から遠ざかりがちな現代的生活様式に対する、すなわち、状況を先読みし先送りするがゆえに「事象」を取り逃がす効率的生活様式に対する、さしあたりのカウンターパーツと見たらどうなるか、これが本節での提案なのでした。

残念ながら、フィールドワークの専門家ではない私に、この先住民の暮らしの事実報告に基づくこれ以上の推論は分を超えます。そこで今度は舞台を日本に移し、次の五節では、鎌倉仏教の禅思想に沿って、ふたたび「挨拶」について考察してみたいと思います。そしてそれを踏まえるかたちで、六節以降では主に平安仏教の密教思想に沿ってあらためて言葉の問題について考えてみましょう。

五．ふたたび挨拶について

すでに禅（臨済禅）については一節で少し触れましたが、日本における「挨拶」という語は、もとは禅の師匠が弟子の力の強弱やその悟りの深浅を見て取るために、一日の最初に交わされる問答の一形式を表す禅語であったといいます。「挨拶」は、弟子に対して〈己のいま・ここ〉への自覚を促す方法論の一種だったわけです。平生の「こんにちは」という挨拶も、もとはといえば、「今日・本日は（いかがか）？・！」という、〈己のいま・ここ〉を生きる禅者の力量の試される修行の場だったということです。流行りの言葉や宙に浮いた言葉、そして当たり障りのない平均的な言葉、そのような言葉へと逃げ込むことなく、己の〈いま・ここ〉から己自身の言葉を発することができるかどうか、また、他者を否定することによって自己を肯定する言説へと駆り立てられることなく、己の〈いま・ここ〉に立って、機を逸することなくその場その瞬間の切り返しができるかどうか、こうした一切が試される試練の場が「挨拶」だったわけです。

いかんせん、なにかと機を逸することの多いひとの常を補うかのように、ここであの「実践的関心」の事象処理能力がものをいうことになります。つまり、現在にあって現在を飛び越え、これを跨ぎ超して生きる「実践的関心」の非力（＝己の直面する事象を事象そのものとしては取り逃がす非力）を補うかのように、むしろ現在を飛び越えこれを跨ぎ超して生きる実践的関心の能力（＝実践的要請に沿って事象を効率的に処理する能力）の側が立ち上がります。この能力は、「今日は？・！」という急襲に備え、やがていつでもどこでも使えるいわば手持ちの札を用意する仕方で、あたかも己の非力の穴埋めをするかのように働き始めるでしょう。さらには、時と場所とを問わずにいられる環境、すなわち先読みし先送りするための環境、つまりあの「時間の空間化」による「等質的環境」を張る、この事象処理能力の台頭・席巻に伴って、当の能力の裏面の非力はしだいに鳴りを潜めるようにもなるでしょう。

禅(特に臨済禅)では、いわゆる「臨済の喝」という仕方で、付随的にこの非力の側面が暴き出されることになります。すなわち、己の現在を飛び越え跨ぎ超そうとした瞬間に、「喝!」の一声で、禅者は当の現在へと呼び戻されるわけです。しかし当然のことながら、禅者すなわち出家者ではない在家の日常ではそうはいきません。それどころかこの在家の日常、そういってよければ弛緩した日常では、右の手持ちの札が、相手の言葉をそのまま取って返すいわゆる「こんにちは」として、いつでもどこでも使える定型表現として定着していくことにもなるでしょう。

ようするに、機を逸してはならぬときに機を逸する人間の弱さを補うかのように、あるいは、〈己のいま・ここ〉を跨ぎ超すあの「実践的関心」の能力の側に道を譲るかのように、かえって「挨拶」という、もとは日常化(=生の効率化)を許さぬはずだった言葉遣いそのものが、むしろ日常化のためのツールとなってゆくわけです。見方によれば、こうした日常のいわば上滑りする本性のゆえにこそ、あたかもこれに待ったをかけるかのように、あの「臨済の喝」は生み出されたのかもしれません。それればかりか、上滑りする日常に待ったをかけるはずのこの禅的「挨拶」の緊張は、いまとなっては、かえってこの〈あいさつ〉の潤滑油的機能をより強化するための、いわば陰の立役者となってしまっているのかもしれません。これは、災害や事故といった、上滑りする日常にあたかも「喝」をいれるかのように突如降りかかる非日常が、やがてはむしろかえってより強固な日常を呼び寄せることと同断です（コロナ報道にすっかり慣れたわたしたちの日常もその一例です）。

いずれにせよ、その場その瞬間に身を置き、躊躇せずそのつど決着をつける在り方、すなわち事態の先送りや先読みを必要としない在り方、ひいては決着の留保を言葉の保存効果や緩衝作用（つまりは汎用性や一般性）に頼る必要のない在り方には、そのような効果や作用を狙った言語的挨拶表現は事実上不要となるはずです。もちろん、「挨拶」という日本語を巡る語源的、禅文化的事情を、そのまま先の先住民族の言語に当てはめるわけにはいきません。しかしながら、その都度決着をつけるこの先住民族の生き方が、挨拶表現の不在や人間関係を表す語彙の貧弱さと連携しているという論点を、やはり禅語としての「挨拶」を巡る事情も別角度から照らし出しているように思われます。

そしてその場合でも大切なのは、この先住民族の暮らしを支える独自な言語体系が、リズムやテンポ、タイミングといった時間的・音楽的要素をたのみとしていること、および、こうした言語体系を基盤とする彼らの暮らしでは、自然風土と身体感覚との土着的連続性（地続き感）に基づく体験の直接性・現在性が重んじられていること、この二点です。身体を通じて実現される大地との土着的連続性がその独自な言語の構造に滲み出る、先住民の暮らしのこうした現在中心の特徴を、続く六節、七節では、本稿の中心テーマである言葉と実在の原初的関係へと向けて展開しましょう。

キーワードは「言葉のサイズ」です。

六. 言葉のサイズ

冒頭の引用に戻りましょう。作者の意図を知的に理解する前に朗読によって作者の意図へと音楽的・身体的に入り込むという、あのベルクソンのラディカリズムは、じつは次のより大きなアイデアへの布石でもありました。

「直観(=行為的・身体的共感)は、世界という大きな書物の中から自分が選んだ頁の中に、イマジネーションの動きとリズムを発見し、共感によってそこに嵌り込みながら、創造的進化を体験し直そうと欲する。」(*La pensée et le mouvant*, PUF, p95　括弧内および傍点引用者)

「世界という大きな書物」という発想自体は比喩としてなら目新しいものではありません。しかしながら、ベルクソンのいうその「世界」の本質(つまり「持続」)が、「創造的進化」を司るリズムやテンポといった時間的要素から成るものであるかぎり、この意味での「世界という書物」を〈読む〉には、あの『方法序説』に潜むリズムやテンポを読み取る際に必要とされた行為的・身体的共感と同種の共感が必要となるでしょう。このことは、この趣旨における「世界という大きな書物」という表現が、実際の書物を読むことからの単なるメタファーやアナロジーではないことを暗示しています。

通常の朗読が、朗読者の身体感覚を通じた、著者の思考の生命的・時間的流れの再構成的追体験であることは本稿冒頭の引用で述べました。いまやこれと同様に、「世界という大きな書物」の朗読も、当の世界の時間的・創造的進化を、行為的・身体的共感（＝「直観」）によって追体験することとして実行される、とベルクソンは文字通り考えているようにも思われます。すくなくとも、「世界」を「大きな書物」というならば、当然これの〈朗読〉ということの内実も、したがってそこで朗読されるべき〈言葉〉の内実も、あらためて考え直されねばならないでしょう。

ある意味では宗教者の世界理解とも見紛うこうしたベルクソンの言明について、本節および次節では、我が国の平安仏教（密教思想）に見られる類似の言明を参照しながら、言葉と実在の原初的関係に焦点を絞って考えてみたいと思います。ポイントは、実在と直結する言葉のサイズ、そしてこれら言葉と実在を貫く時間のサイズ、そしてその言葉を読み取る際の身体的共感のサイズです。まずは次のフレーズに注目してみてください。

「山毫《さんごう》　溟墨《めいぼく》を点じ
乾坤《けんこん》は経籍《けいせき》の箱なり」（空海『性霊集』、「遊山慕仙詩《ゆさんぼせんし》」）
（訳「山は筆となって海の墨をつけ
天地は経典の入れ物となる」）

ここに言われる「経典」とはそのまま森羅万象・山河草木そのもの　―　あるいはそれら森羅万象におのずと語り出されているもの　―　のことであり、いわゆる紙に墨で書かれた文書のことではありません。そしてこの意味での経文を読むとは実在世界を読むことであり、実在世界を読むとは実在世界に潜む言葉を読むことです。ここでの〈実在世界に潜む言葉〉が、ここ真言密教ではいわゆる「真言」mantraという「仏の言葉」です。実在の表記ではなく実在の法則（理法・ロゴス）としてのこの言葉は、仏（＝法身つまり宇宙の理法）について説明する言葉ではなく、仏（理法）そのものとしての言葉（ロゴス）といってもよいでしょう。

一般には悉曇《しったん》文字（梵字《ぼんじ》）の文字列で表されますが、テンポラールに謡われることを前提としているこの「真言」という実在世界の法則（ロゴス）を理解するには、梵字で表記されたサンスクリット語を音読する際の、一種の身体感覚による実在世界との共感的一体化　―　ベルクソンの「直観」に相当するもの　―　がまずは必須です。すなわち、空海（七七四―八三五）のこの立場は、本章冒頭の引用で述べた、実在世界を読むために当の実在世界の秘める時間性や音楽性を身振りによって再現・実現するという、ベルクソンの「生の哲学」における身体性の重視にも一脈通じています[1]。

ところで、身体感覚を削ぎ落して煩悩を断ち切る、いわゆる「禊《みそぎ》（身を削ぐ・殺《そ》ぐ）」の発想を重視する一般の仏教思想（や神道思想）に対し、もともと密教思想（特に空海の密教つまり東密）は身体性を否定しません。三業（身体・言葉・情意）という煩悩の源をむしろ三密（「密」は悟りへの秘密の通路）とする立場、いいかえれば身体もそのまま仏（への通路）であるとする密教の「即身成仏」の立場がそれを端的に表しています。この点は、「理趣経《りしゅきょう》」という、感性や官能の土台となる身体感覚をそのまま清浄とみなす特殊な経典が、東密の常用経典の一つになっていることにも見て取れます。また、いわゆる如来であるにもかかわらず、如来形（＝裸に近い姿）ではなく、むしろ菩薩形（＝装飾を施した姿）をとる「大日如来」（マハーバイローチャナ、大毘盧遮那《だいびるしゃな》）が東密の根本仏であることも、このような身体性・物質性の重視と軌を一にしています。

さらに、そうして森羅万象へと嵌《はま》り込む媒体がここでの身体の役割でもあるとする密教思想では、もともと森羅万象へと繋がり得る存在論的身分あるいはそれだけのサイズを、この身体は権利上有しているのでもなければなりません。密教思想における身体つまり「身」の詳細は省きますが[2]、いまは、この思想における拡大した身体概念と、同じく拡大した言語概念とが、先の〈実在世界を読む〉という一点で相関していることに注意しておきましょう。

さて、密教のこのような言語感覚、すなわち、身体を大きく使う仕方で言葉を大きく使う、とも表現しえる特殊な言語感覚は、しかしながらいわゆる呪術《じゅじゅつ》との誹りを受け、身体性の重視という他の仏教には見られない特徴も、後に過剰な肉体中心思想を生む一要因ともなりました。したがって、言葉と実在との相即を謳《うた》う空海の言語哲学を理解するには、まずはこうした諸事情の手前に立ち戻る必要がありそうです。いいかえるなら、当時からすでに用いられている諸々の語――たとえば「生」や「死」という現代でも使われている語――が、時代を下るにつれてしだいにその大きさを失い、いわば縮小し局所化している可能性があるということです。当時との〈言葉の意味内容〉の違いというよりも、当時の〈言葉のサイズ〉が今とは違っているわけです。
この意味での言葉のサイズの歴史的縮小過程（とそれに伴う語の適応範囲の局所化や矮小化の過程）は、言葉が単なる記号となる仕方で事柄から離れ、それとともに〈事の端〉としてのコトバの実質そのものが縮退してゆく過程といってよいでしょう。このことについては、空海の主著『秘密曼荼羅十住心論《ひみつまんだらじゅうじゅうしんろん》』の要約にして縮刷版ともいわれる左記の『秘蔵宝鑰《ひぞうほうやく》』の冒頭部分が参考になります。前半二行での「狂」や「盲」の概念をはじめ、とくに後半部の「生」や「死」の意味が現代におけるそれとは大きく異なっていることに注目してください。

三界の狂人は狂せることを知らず。
四生の盲者は盲なることを識《し》らず。
生まれ生まれ生まれ生まれて生の始めに暗く、
死に死に死に死んで死の終わりに冥（くら）し。

「三界」とは迷いの世界であり、「四生」は生きとし生けるものすべて、すなわち衆生のことです。己が「狂」にして「盲」であることを知らぬ衆生の無自覚と相まって、個人にとって一度だけのはずの生死を何度も繰り返す衆生の在り方そのものが、そのまま「生」と「死」の語の繰り返しで表現されています。繰り返される「生」「死」の語が、繰り返される生死の世界を代弁しているわけです。

大切なのは、ここでの「生」「死」の語が、繰り返される生死の外から語られている ― つまりこの生死から距離を置く仕方で語られている ― 語であると同時に、この生死そのものの中から語られている ― つまりこの生死と一つとなる仕方で語られている ― 語でもあるという点にあります。外からも中からも語られるとは、端的に、これを語る空海自身が、このような生死を超えたところに立っていることを意味しています。あるいは、このような生死に束縛されることのないところ、生死にいわば自由に出入りできるところに空海は立っている、といったほうがよいかもしれません。いずれにせよ、生きるとはなにか、死ぬとは何の謂《いい》であるかということの空海の理解のサイズが、そしてそれら生や死を語る空海自身の存在了解のサイズが、明らかに我々のそれとは異なっています。ポイントは、このサイズの違いが、空海の語る「生」や「死」の語の使い方にそのまま映し出されていることにあります。

現代では、〈生きている地球〉や〈生きている宇宙〉という言い方は、いわゆる生物学的な意味での「生きている」からする一種の比喩として理解されています。しかしながら密教的世界理解では、わたしたち衆生の生も死も、右の〈生死を超えたもの〉の下位区分でしかありません。人間の生を下位とするより大きな生という点で、本来の意味で「生きている」のは森羅万象の側であり、人間が「生きている」のはこの森羅万象への参与によると考えられているわけです。この視点は引用文中の「死」つまり「冥い死」についても同様です。

繰り返される生死を、〈繰り返される生死〉と説明する前に、「生」「死」という言葉を繰り返す仕方で写し取っている点に、ここであらためて着眼してみましょう。この写し取りは、言葉と実在との相互透入という、それとしては表立つことのない暗黙の了解を前提してはじめて可能となるとも考えられます。〈生きた言葉〉がそのまま〈生きた宇宙〉を代弁し、実在世界と言語世界とがいわば互いに生き写しとなる、実在世界と言語世界との相互透入が、『秘蔵宝鑰』の最も重要な特徴だということです。忘れてはならないのが、その特徴には、同書における「生」や「死」の言葉のサイズの違い ― 生死についての空海の理解のサイズの違い ― も含まれているということです。

七．言葉の聴き取り

次の空海の表現（原典は五言四句）を見てください。やはりここでも、森羅万象がそのままで言葉である、すなわち実在世界に言葉が現れ出ているという考えがコンパクトに表現されています（その言葉が「真言」つまり仏の言葉です）。

「五大に皆響有り。十界に言語を具す。
六塵悉《ことごと》く文字なり。法身はこれ実相なり。」（『声字実相義』傍点引用者）

「五大」とは地・水・火・風・空つまり基本元素のことであり、「十界」は地獄・餓鬼・畜生・修羅・人間・天上・声聞・縁覚・菩薩・仏という精神世界を、そして「六塵」は色・声・香・味・触・法のいわゆる感覚世界を意味します。このように、森羅万象の一切が音声を発し言葉を発している、とするのが密教思想における存在論的言語哲学の根本前提でした。

ここで、森羅万象の内なる本質（「法身」）から鳴り響いてくる右の「響《ひびき》」や「言語」や「文字」つまりロゴスに関して、今度はそれがどのように聴き取られるか（あるいは読み取られるか）ということも重要となります。当の聴き取り（読み取り）のサイズに応じた世界が、聴き取った者にとって、その者の生きる世界として、すでに成り立っている、と密教思想は考えるからです。あたかも観測されたとたん波か粒子かを表す素粒子のように、いわば真空を満たすこの「響」は、聴き取られる（読み取られる）仕方や程度に応じて、そのたびに相応の姿をとるということです。これを逆に身体と言葉の側からいうなら、己の話す言葉は、そのままで、世界へと入り込む己の身体のサイズをすでに告示しており、この身体によって生きられる世界のサイズをすでに告白している、といってもよいでしょう。そしていまやこのことを理解するために踏まえられねばならないのが、そのような言葉のサイズにして身体のサイズが歴史的に縮退していること、あるいは、この縮退が現代に生きる我々自身の言語使用や身体感覚をすでに制約しているということでした。

繰り返しましょう。ピダハンと呼ばれるあのブラジル先住民族は、川や木々や風や大地のリズムをいわば身体的に聴き取って、おのずと自分たちの暮らしのリズムや言葉のリズムの母胎としていました。同様に、我々も自分の住んでいる世界の音声（＝「響」「言語」「文字」）を暗暗裏に聴き取って、おのずとそこから己の聴き取った分に応じた世界をすでに己の世界として生きている、と考えるのが密教思想です。

ちなみに、その聴き取りのサイズには十段階の質的差異がある、とするのが先にも触れた空海の主著『十住心論』（『秘密曼荼羅十住心論』）です。この書は、十の位に住む十の心つまり「十住心」について、下位の心を上位の心へと導くための一種の指南書でもありました。言葉の歴史的縮退過程のいわば切っ先にいる現代人ならいざしらず、空海の時代にしてすでに、「生」や「死」についての人々の理解は縮退してしまっていると見られていたわけです。

我々の言語活動に先立って実在世界を限定する言葉、すなわち「住心」の聴き取るあの「響」は、当の「住心」の住んでいる実在世界によってすでに逆限定されている言葉でもあります。各々の「住心」の水準に応じて、各々にとっての実在の水準が決まる、といいかえてもよいでしょう。世界を限定すると同時に世界によって限定されているこの「響」（＝「言語」や「文字」つまりロゴス）は、世界へと嵌り込むための媒介としてなら、つまり身体的・共感的理解を要求するものとしてなら、それ自体が一種の情意すなわちパトスを秘めているともいえます。その場合、当然そのパトスもこの「響」というロゴスの聴き取りに応じて姿（つまりはサイズ）を変えるでしょう。ひとは自身の情緒のサイズを超える情緒は聴き取れない（理解できない）わけです。

そしてこの点では、意味から入るのではなく、リズムや身振りから入るあのmantraの読踊も、そうすることによってむしろ理屈以前の聴き取る能力を鍛え、さらには身体感覚や情緒をも鍛えるエクササイズともなっています。この意味でまたそれは、言語能力における一種の筋力を鍛えるとともに、いわば関節の可動域を広げる一種のストレッチの役割も果たしているといってもよいでしょう。そうして聴き取られるべき言葉、すなわち拡大した身体感覚によって感じ取られる〈ロゴスにしてパトスとしての言葉〉は、当然ながら生きた言葉です。見過ごされてはならないのは、この場合の「生きた」もやはり、いまに謂《い》う「生きた」がすでにそれの派生であるような「生きた」、すなわちサイズの違う「生きた」だということです。

八．言葉が語る

よく知られているように、古代ギリシアでは、コスモスという「生ける宇宙」からの類推あるいはこれの比喩として、いわゆる「ミクロコスモス」としての人間理解が成立しています。ここでもまた、現代とは逆に、本当の意味で「生きて」いるのは宇宙の側であり、地上の生き物はそれの比喩として「生きて」いると考えられています[3]。また、宇宙全体が音声を発し一種の音楽を奏でているというピタゴラスのいわゆる「ハルモニアー」のアイデアも、知らず知らずのうちにわたしたちはこの響きを聴き取っているという点では、密教思想におけるあの「響」たるロゴスの聴き取りのアイデアとも似ています。もっとも、この「ハルモニアー」もまた、現代の「ハーモニー」とはその言語的サイズを異にしていることが忘れられてはならないでしょう。そしてその言語的サイズは、その時代の人々の時間のサイズや身体感覚のサイズと連動しているのでした。

重要なのは、ここでは語るのは人ではなく、むしろ言葉が語る、ということです。前節でも述べたように、己の話す言葉のサイズは、世界へと入り込む己の身体のサイズをそのまま告示し、この身体によって生きられる世界のサイズをそのまま告白しているのでした。これを私は、空海の言葉を用いて、「住心」の水準に応じて各々にとっての実在の水準が決まる、とも表現しました。人によって語られた言葉がすでに当人の何たるかを――つまりその人の身体のサイズやその人の生きる世界のサイズも含めた当人の本質を（つまり「住心」を）――語っているということです。

あの「三・一一」での津波の災禍を、同じ被災者でありながら、「海が牙を剥いた」と語った人もいれば、「自然が伸びをした」と語った人もいました。「牙をむく」や「伸びをする」という言葉そのものが、その語り手自身の海つまり自然についての暗黙の了解を如実に語っており、ひいては、日々繰り返されてきたであろう語り手と森羅万象との目に見えぬ関わりを如実に語っています。ひとは、自身の世界について語る前に、すでに己の生きる世界の中から語っているわけです。「世界について」語るとき、ひとは世界を前にする仕方ですでに世界の外に立っており、「世界の中から」語るとき、己の生きるその世界はおのずとみずからの言葉に滲み出ています。

冒頭のニーチェの引用を思い出してください。「語句の背後の音楽、この音楽の背後の情緒、この情緒の背後の人格、したがって記述されえない一切のもの」、これを彼は「言語において最も理解しやすいもの」と呼んでいました。この「最も理解しやすいもの」が言葉で「記述されえない」のは、むしろすでに言葉がそれを語っているからだといってもよいのではないでしょうか。「一連の語句がそれによって語られる音調、強さ、転調、テンポ」を通じて、語り手の生きている世界そのものを、その人の言葉が語っているということです。そしてそのような言葉 — 語られた言葉が語っている言葉 — は、これを聴き分け、聴き入れ、聴き届ける耳の存在を要請しています。

おわりに

「用大のときは使大なり、用小のときは使小なり。」（訳：働きが大きいときは使い方も大きいし、働きが小さいときは使い方も小さい。意味：水を大きく使わねば魚は魚として大きく働けず、空を大きく使わねば鳥は鳥として大きく働けない。あるいはこの逆、魚を大きく使わねば水は水として大きく働けず、鳥を大きく使わねば空は空として大きく働けない。）

（道元『正法眼蔵《しょうぼうげんぞう》』「現成公案」）

身体を大きく使う仕方で言葉を大きく使うことを旨とするその特殊な言語感覚、とすでに密教思想の言語哲学について紹介しましたが、「魚は水の魚、鳥は空の鳥」と詠うこの道元（一二〇〇－一二五三）の公案にも類似の思想が読み取れます。魚と水、そして鳥と空のように、人と世界もこのような使い・使われる関係にあるとき、言葉は、いわばそうした世界と人とを繋ぐ蝶番《ちょうつがい》の役割を果たすものとなるでしょう。この蝶番としての言葉を通して、人は世界を大きく使わねば人として大きく働けず、また逆に、人は言葉を通して世界によって大きく使われねば世界も世界として大きく働けないわけです。そのとき言葉も言葉としては、つまり人と世界の蝶番としては大きく働けません。

こうした人・世界・言葉の連関については、ベルクソンとほぼ同時代に生きたフランスの哲学者ガブリエル・マルセル（一八八九―一九七三）の、「存在と所有」という考えが補助になるかもしれません。右に述べた意味で人と世界とが大きく使う・使われるという関係にあるとき、人が世界を使うための言葉は人の「所有（物）」であり、世界によって使われる人の言葉はその人の「存在」を成すといえるからです。マルセルのいう「所有」とは「そのすべてを枚挙でき」「意のままにできること」であり、「存在」とは「己の管轄下になく」「己がその内に居る」もの、つまりは「汲みつくしえなさ」そのもののことです。前節で述べた、「世界について」語る言葉は前者「所有」としての言葉であり、「世界の中から」語られる言葉は後者「存在」としての言葉です。

世界を前にして世界の外から世界について語るとき、ひとは言葉も世界も「所有」する仕方でこれらを「意のままに」しようとしています。それは世界を説明する言葉といってよいでしょう。対して世界の中から語られるとき、そうして語られる言葉には語り手の生きている世界が語り出されているのでした。世界が語り出されているとは、端的に、語り手自身の「存在」がそこに語り出されているということです。それは「存在」を説明する言葉ではなく、「存在」を宿す言葉です。

正確さや厳密さを旨とする、これが人によって「所有」される言葉のあるべき姿なら、言葉に嘘がない、これが人の「存在」を宿す言葉のあるべき姿ではないかと私は思います。言葉に嘘がないとは、自身の生きる世界がその言葉に如実に現れ出るということです。すなわち、「汲みつくしえぬ」己の「存在」が、汲みつくしえぬまま何にも遮られることなくそのまま言葉に滲み出るということです。「魚」は「水」を「所有」できないように、「汲みつくしえぬ」己の「存在」を人は「所有」できないわけです。

＊

身体を大きく使う仕方で言葉を大きく使う ― 空海。世界と人との蝶番《ちょうつがい》としての言葉を通して人と世界が大きく働き合う ― 道元。空海にせよ道元にせよ、しかしながらそのとき人も言葉も、そのつどいわば一定の負荷に耐えねばならないのかもしれません。人によって大きく使われる言葉はすでにそれだけ負荷のかかった言葉であり、言葉という蝶番によって世界に大きく使われる人もある種の負荷に耐えているということです。最後にこの点に触れて本稿を閉じましょう。

あの「海が伸びをした」という言葉もおそらくそうであったように、負荷があるかぎり、だれもがこうした言語使用に耐えられるわけではなく、また言葉のほうでも、ときにその負荷に耐えられないこともあるでしょう。負荷に耐えられないとは、かの「蝶番」 ― 世界と人とを繋ぎ止めるもの ― が外れかかるということです。そうして外れかかるとき、人にとってこうした〈負荷―被負荷〉関係は、むしろ言葉の縮退過程 ― ありきたりの表現や流行の言説へと言葉が平均化し水平化してゆく過程、あるいは、言葉から実質が抜き取られ単なる記号へと変質してゆく過程 ― を進める一因ともなるかもしれません。それは、世界が〈人によって支配される世界〉へと、そして人が〈世界を支配する人〉へと、双方ともに委縮してゆくことを意味しています。また、だからこそ、これに歯止めをかけるかのように、いまも我々はときに言葉に負荷をかけるのかもしれません。

禅語としてのあの「挨拶」にも見られたように、〈己のいま・ここ〉という特殊な時間性や所在性を重んじる禅の領域では、こうした〈負荷―被負荷〉関係の緊張感はあの臨済禅の「喝」にも現れていました。つまり、「問答」における緊張も、もとはといえば己の現在へと立ち返るべく、言葉に最大限の負荷をかけるためでもあったということです。さらに遡って考えるなら、空海の「生まれ生まれ生まれ生まれ…」という言葉遣いにも見て取れたように、はじめから言葉を大きく使う密教思想でも、みずからの言葉には常に最大級の負荷がかかっており、同時にそのことによって自分自身の存在にも常に最大級の負荷がかかっています。前者（臨済）の場合は瞬間的な負荷、後者（空海）の場合は持続的な負荷といってもよいかもしれません。いずれにせよ、はじめから大きな言葉の重力場に住み続けることによって、双方とも、日頃から知らぬうちにあの〈言葉の筋力〉を鍛えることにもなっているということです。

言葉からこうした緊張感や身体感覚 ― 当事者感や臨場感 ― を抜き取るかのように働く現代のネット社会やサイバー空間も、一方で、失われ行くその身体性や時間的・空間的リアリティーをむしろみずから取り戻さんとするかのような仕組み（チャット、ツイッター、ライン、ズーム、ミート等、および種々のデジタルリアリティー）によって拡大して行く様は興味深いと思います。

【註】

(1) ここでは、たとえば記号Zeichenから指標作用Anzeichenを除外し、さらに表情や身振りや伝達作用等さえも除外したフッサールの初期現象学の行き方を、いわば逆に辿る態度が要求される。すなわち、実在世界への一切の連関を断ち切った純粋な表現Ausdruckの、さらにその下層に潜む前‐表現的な意味層へと辿り着こうとする歩みを、逆に戻る姿勢が、密教の言語理解に見出せる。ちなみに、言葉としての実在を〈読む〉密教思想には、空模様を読んで天候を利用するごとく、実在を利用し操作する側面もある。ベルクソンは操作・利用を真の実在理解から外したが、空海では両者（実在の利用・操作と実在の真の理解）は分かれない。

(2) 仏教思想では、「身」の区分として、「法身」「応身」「報身」が一般的である。密教思想（特に東密）では「法身」──すなわち宇宙の理法として捉えられた仏──そのものが自身を語り続けるものとされ、「法身」は自身を語らないとする顕教の立場とは本質的に異なる。

(3) 最古の「断片」として知られているアナクシマンドロスに始まって、ヘラクレイトスやエンペドクレスなどの、いわゆるフォア・ソクラティーカーたちの「断片」に多く見られる特徴が、〈同一語句の反復〉であることはよく知られている。ヘクサメトロスの形で「真実在（ト・エオン）」を記述したパルメニデスの断片でも、韻を踏んだ仕方でこの〈反復〉が多用されており、それは宇宙の反復運動すなわち円運動を言葉（ロゴス）にそのまま写し取ったものと考えられている（『ソクラテス以前哲学者断片集』第II分冊、岩波書店、八三、八六、八七頁参照）。密教思想での「生」や「死」の〈繰り返し〉とは異なるが、やはり古代ギリシアの初期思想でも、生成消滅のない宇宙の円運動の〈繰り返し〉が、「繰り返し」という言葉で説明されるのではなく、実際に反復される言葉の〈繰り返し〉にそのまま写し取られている。そしてこの言語使用の背景にある「生ける宇宙」は、現代の生物学における有機生命体からの類推ではなかった。

本稿は拙論「言葉と身体」（拙著『ほんとうのことば』第五章、東北大学出版会、二〇二一）に大幅な加筆修正を施したものであり、使用テクスト（本文中に記したもの以外）は以下の通り。

『弘法大師空海全集』第六巻、筑摩書房、二〇〇四

考古学の今と未来

鹿又喜隆

4 考古学の今と未来

鹿又喜隆

はじめに

考古学は人類の誕生から現代までに残された人類遺産を扱うため、歴史学の中でも最も長い時間幅を対象としています。人類の誕生は七百万年前と言われますから、その長い歴史と進化について、多角的に光を当てて物語ることが続けられています。研究対象地域は、人類がこれまでに住んだ全ての場所と、その周辺環境です。したがって、国境を越えて、グローバルな課題に取り組むことが求められます。一方、地域史としての側面も強く、一時的でローカルな課題に取り組むことがそのスタートです。さらに、行政的には、考古学が対象とするものは埋蔵文化財と呼ばれ、日本では一九五〇年に施行された文化財保護法によって守られています。近年では、ジオパークや世界遺産との関係で、積極的な保存と活用が推奨されています。このような多様な考古学の今について考察し、今日的な課題について解説することが本論の第一の目的です。そして、過去（本論では縄文時代）の歴史から学んだ知見を我々の未来に何らかの形で役立てることができるかの試論を示したいと思います。

一．考古学の今

（一）社会的・行政的な側面

（1）発掘調査数の変化と社会的背景

発掘調査は、その目的によって二つに分けられます。ひとつは開発等に伴う緊急発掘、もうひとつは学術調査による発掘です。前者の場合には、開発に際して遺跡が破壊される結果になりますので、記録保存として遺構・遺物の検出状況を正確に記録し、考古資料を回収すると共に、それらの資料を保存することが求められます。近年は、さらに積極的な文化財の活用が行政的に取り組まれています。学術調査では、目的をもった調査・研究が実施されます。特に重要な遺跡の調査が多いことから、発掘によって遺跡の性格を理解するだけでなく、遺跡を保存し、後世に残すことも重要です。緊急発掘と学術調査はその目的が異なりますが、近年では調査方法の効率化、精緻化、客観化、多様化という様々な変化に直面しています。以下では発掘調査の歴史を振り返り、近年の状況について行政的な側面や科学的な技術分析の観点からみていきます。

日本の発掘調査や埋蔵文化財の状況は、高度経済成長（一九五五～一九七三年）やバブル経済（一九八一～一九九一年）、バブル崩壊（一九九一～一九九三年）などの社会環境に大きく影響を受けてきました。日本全国の発掘調査件数や、埋蔵文化財専門職員数、発掘費用に関するデータが文化庁から提出されています（文化庁文化財部記念物課二〇二二）。専門職員数は一九七五年度に八九八人だったのが、年々増加し、二〇〇〇年度には七一一一人でピークを迎えました（年平均二四九人増加）。その後、徐々に減少し、二〇二一年度には五四五七人になっています（年平均七九人減少）。一方、工事に係る発掘調査の件数は、一九七六年度に一五七一件だったのが、一九九六年度に一万一七三八件とピークを迎えます（年平均五〇八件増加）。その後、小幅な増減を繰り返し、二〇二〇年度には七七六二件となります（年平均一六六件減少）。その間、大学や研究機関による学術発掘の件数は、一〇五から五二八件の間で推移し、大きな変化はありません。発掘費用に関しては一九七四年度に八五億円だったのが、一九九七年度に一三二一億円のピークに達し（年平均五四億円増加）、その後減少して、東日本大震災のあった二〇一一年度に五二四億円となり（年平均五七億円減少）、二〇二〇年度に五八七億円となります。発掘費用に関しては、東日本大震災後の復興調査によって急落が抑制され、維持されているのが現状です。

ところで、発掘に関する予算や人員のピークは一九九七～二〇〇〇年ですが、日本経済の状況だけを反映しているとは言えない部分もあります。おそらく二〇〇〇年に発覚した前期旧石器時代遺跡捏造事件は、社会的信用を低下させただけでなく、発掘・考古学ブームを減衰させ、大学の専攻学生数を著しく減少させ、業界に大きな打撃を与えました。いわゆる、考古学業界におけるバブル崩壊です。

（2）文化財活用の社会的背景

日本の文化財保護法は、文化財の保存と活用を図り、国民の文化的向上と世界文化の向上に貢献することを目的としています。しかし、文化庁の方針がもともと文化財の保護重視であったため、近年は活用重視の方向へと舵をきりました。そこには世界的な動向も絡んでおり、例えば、ユネスコ（国連教育・科学・文化機関）は、欧米偏重であった世界遺産登録を見直し、国際的な文化の多様性を示すために欧米以外での世界遺産登録を進めています。日本もその例外ではなく、最初の世界遺産である「法隆寺地域の仏教建造物」が登録されたのが一九九三年であり、今では五件の自然遺産と、二〇件の文化遺産が登録されています。近年登録された「北海道・東北の縄文遺跡群（二〇二一年）」や「百舌鳥・古市古墳群（二〇一九年）」に見られるように、考古学が深く関わるものが多くなっています。さらに、自然や環境との関連では、各地でジオパークとして遺跡が組み込まれていま す。日本ジオパークとして登録されているものは、全国で四六地域があり、うち九地域がユネスコ世界ジオパークに登録されています（二〇二二年一月現在）。例えば、北海道遠軽町の白滝ジオパークは、人類が旧石器時代から利用している黒曜石の国内最大規模の産地であり、火山活動が作り出した様々な地形・地質・景観と文化遺産を次世代に残す取り組みが行われています。これに加えて「北海道白滝遺跡群」の出土品一九六五点が、二〇二三年に旧石器時代資料としては初めて国宝に指定されました。

ところで、日本の行政的な方針転換に連動して、近年、文化財を担当する部署が教育委員会から市長部局に配置転換され、観光課等と強く連携させる変化が起きています。そのため、考古資料も教育・研究のために保存・活用する以上に、観光や地域振興のために積極的に活用することが重視されるようになってきました。本学では、以前から各地の博物館等の企画展への資料貸出を行い、考古資料の活用に努めてきました。しかし、近年の社会的要請の変化を受け、国史跡指定や整備事業に協力し、半世紀以上前に調査された長崎県佐世保市福井洞窟や新潟県十日町市田沢遺跡の発掘調査報告書を刊行し、さらに出土品の長期貸出を行い、地元の方々に積極的に活用して頂けるように対応しています。また、二〇二二年には宮城県石巻市の沼津貝塚の重要文化財一〇〇点以上を「発掘された日本列島展」の地域展「毛利総七郎・遠藤源七の考古コレクション」へ貸し出しました。沼津貝塚出土品が本学に収蔵されてから、初めて地元に戻って展示されました。さらに、地域連携の点では、東北大学大学院文学研究科と埋蔵文化財調査室は、二〇二一年に宮城県村田町教育委員会と「文化財の研究・活用に関する相互協力協定」を締結しました。二〇二二年には、村田町の文化財を積極的に活用するために、共同の企画展「村田縄文アカデミー」を実施しました。さらに、村田町所蔵品を本学の研究・教育で積極的に活用する試みを開始しています。また、東北大学が村田町内で実施している姥沢遺跡の発掘では、地元の小学生の発掘体験を受け入れ、現地説明会を開催する等、様々な試みを行って地域文化の理解を促しています。このような社会的要請の変化は、後に説明する発掘調査の方法や、研究成果の活用にも影響を与えています。

（3）文化財の活用、情報の集積と公開

埋蔵文化財の保護のためには、その情報公開が不可欠です。例えば、遺跡の場所や範囲を地図に示し、新たな遺跡を登録して、広く地域住民に伝えることが、遺跡を開発や破壊から守ることに繋がります。例えば、本学で近年発掘調査を行った山形県大石田町では、一九九〇年代に遺跡地図を町内全戸に配布し、遺跡保護に取り組んでいました。近年は、各都道府県が遺跡地図や遺跡情報をインターネットで公開し、遺跡保護に努めています。開発業者や地権者は、その土地に何らかの改

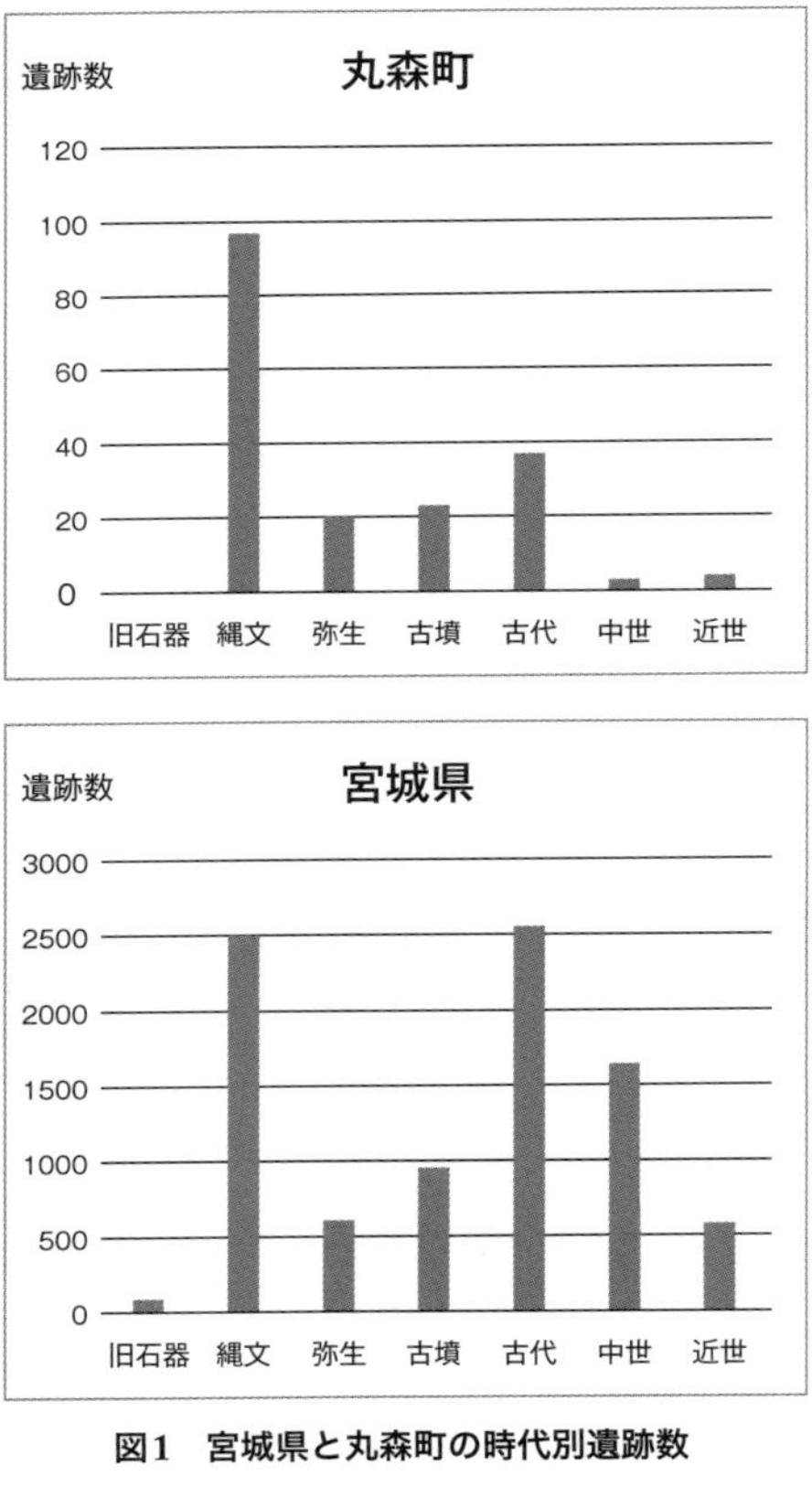

図1　宮城県と丸森町の時代別遺跡数

変を行う際に、遺跡地内であるか否かを容易に判断できる状況となっています。また、このように公開されている遺跡情報は、その地域の歴史を反映しています。本論は二〇二二年に宮城県丸森町で開催された講演会の原稿が元になっていますが、その丸森町の遺跡地図情報をまとめると、その特徴が分かります。時代別の遺跡数を見ると、宮城県全体と比べると、縄文時代遺跡の割合が高く、古代から近世の遺跡の割合が低くなっています（図１）。遺跡数は居住地数を反映していますので、古代に歴史的転換点があったと評価できます。

さて、近年日本では発掘調査報告書のＰＤＦをリポジトリに集積して、インターネットで公開する「全国遺跡報告総覧」が作成されています。二〇〇八年から二〇一二年にかけて東北大学を含む全国二一の国立大学が連携して取り組んだプロジェクトであり、現在は奈良文化財研究所が管理・運営しています。二〇二二年一二月現在、三万三七一九件のＰＤＦと一二万五三一一件の書誌情報、一四万九〇五件の遺跡抄録が登録されています。近年では、遺跡情報に関連した動画も集成され、九二二件にまで増加しました。WebGISの機能も加わり、地図上で検索遺跡の表示や３Ｄ表示が可能となっています。こうした動向に合わせて、関連機関では、発掘調査報告書の作成時にはＰＤＦも制作するようになりました。

また、各種のデータベースが様々な機関によって作成され、公開が進んでいます。例えば、日本旧石器学会では、「日本列島の旧石器時代遺跡データベース」が二〇一〇年に書籍として刊行され（日本旧石器学会二〇一〇）、その後ＰＤＦが公開されました。そこには、一万四五四二件の旧石器時代遺跡と、二五二六件の縄文時代草創期遺跡の情報が掲載されています。さらに、改訂された情報は、学会ホームページにて公開されています。また、近年盛んに作成されている3Dデータも各機関によって公開されています。例えば、熊本県では古墳3次元データ集が作成され、三〇か所の横穴式石室や石棺を見ることができます。博物館等では、デジタルミュージアムの製作が盛んになり、博物館自体の3Dモデリング（施設ストリートビュー）が公開されています。例えば、北海道デジタルミュージアムでは、二〇施設が登録されており、世界遺産「北海道・東北の縄文遺跡群」の登録遺跡出土品の収蔵・展示状況を見ることができます。本学でも片平キャンパスにある文化財収蔵庫（旧第二高等学校書庫）の三六〇度ビューを作成し、資料の収蔵状況を公開しています。これを作成した目的は、東日本大震災後の仮改修の状況を記録として残すとともに、二〇二三年から開始される改修工事期間の閉鎖に対応することを意図したものでした。このように、3D情報の作成の目的は、各機関によって様々ですが、その公開は社会的動向に連動したものです。

（4）最新の発掘調査の技術

様々な社会的環境の変化によって、考古学の調査方法にも変化が生じてきました。最初に発掘調査における変化について記載します。

一般社会に普及した技術が、発掘調査の効率化に繋がる現象は多々あります。遺跡発掘の際の空撮は、かつてはラジコンヘリ業者への委託で行われていましたが、ドローンが普及した現在、自前での撮影が可能になりました。それに連動して、空撮を元に、調査区や遺構の平面図を作成することも容易になり、作業の効率化が図られています。図2は、我々が二〇二〇年に実施した山形県大石田町の角二山遺跡の空撮写真を図化用に加工したものと、そのトレース図です。通常の写真は、歪みがあるため、平面に投影した状態にするには、写真上の基準点に三次元座標の値を登録して、写真の歪みを補正する必要があります。こうして出来上がった写真は、平面図の元図になります。現場の測量作業で行えば半日を要するものが、短時間の空撮と室内作業によって図化が可能となりました。このような写真画像からの図化は、様々な作図作業で実施されています。また、近年の動画発信の拡大によって、調査記録においても動画撮影を行うことが多くなりました。遺跡の景観や遺構・遺物の検出状況などの動画が、より臨場感の高い情報として活用されています。特に重要遺物の検出時には、利用可能性が高いと予想されます。同様に、立体的な遺構は3Dデータを作成することがあります。多数の写真を合成するフォトグラメトリや各種機器を利用したスキャニングが実践されています。図3は、島根県鷺の湯病院跡横穴墓から出土した石棺の3Dデータです。この3Dデータを作成するために、例えば床板だけで二四六枚の写真が撮影され、SfMのソフト(Agisoft Metashape Professional)を使って3Dが作成されています。石棺は一〇枚の板材で構成されていますので、全体ではその一〇倍の二五〇〇枚の写真が必要になります。従来は、肉眼観察の所見を反映させて図化していましたが、3Dデータを取得することによって、客観的かつ恣意的でない表現が可能となりました。この石棺では、鉄製工具による加工痕が明瞭に確認できました。

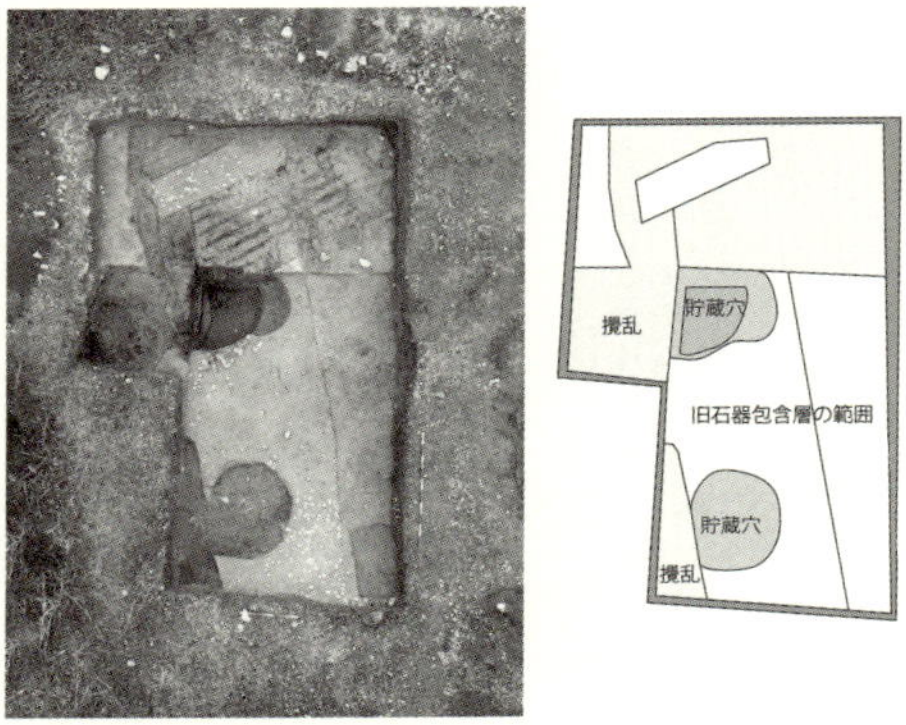

図2　角二山遺跡の空撮（左）と平面図（右）

石棺の全体像（Agisoft Metashape Professional を使用）

石棺床板の撮影位置（横から）

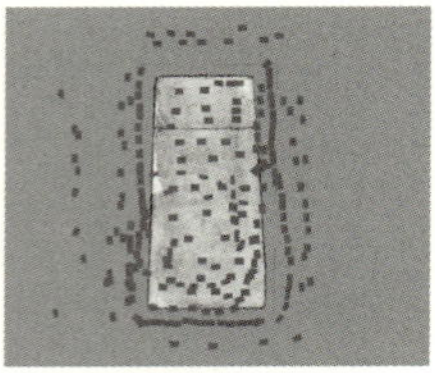

石棺床板の撮影位置（上から）

図3　鷺の湯病院横穴墓の石棺の3D画像

次に室内作業における変化を説明します。従来は、出土品の図化は手作業で、多くの時間を費やして行っていました。しかし、3Dスキャン技術が発達したことで、3D画像から実測図を起こすことも開始されています。しかし、実際の図化には経験者による出土品の確認が不可欠であり、3Dデータの有効性にも限界があります。例えば、図4は山形県戸沢村の津谷遺跡から出土した有舌尖頭器の3Dデータとその図化したものです。3Dデータはキーエンスの3D測定マイクロスコープを使って計測しています。データの取得には石器一点につき、片面一分程度で完了します。しかし、現状では、打製石器を構成する剥離面間の切り合い(新旧)関係の判断は、3Dデータのみでは不可能です。したがって、外形や剥離面の輪郭は3Dデータを元に作画しますが、切り合い関係は人力で判断して図に加筆されます。しかし、3Dの導入によって、作業時間は大幅に短縮されました。一方、3Dデータには解像度の差があるため、分析目的に応じて、精度を変更する必要があります。こうした3D測定は益々手軽になってきていますが、現状では機器や技術の問題で、完全に機械化された段階には至っていません。こうした状況であるため、考古学の基礎的技術として、実測図の作成技術は依然として不可欠であり、大学教育でもその精度を下げずに実施しています。加え

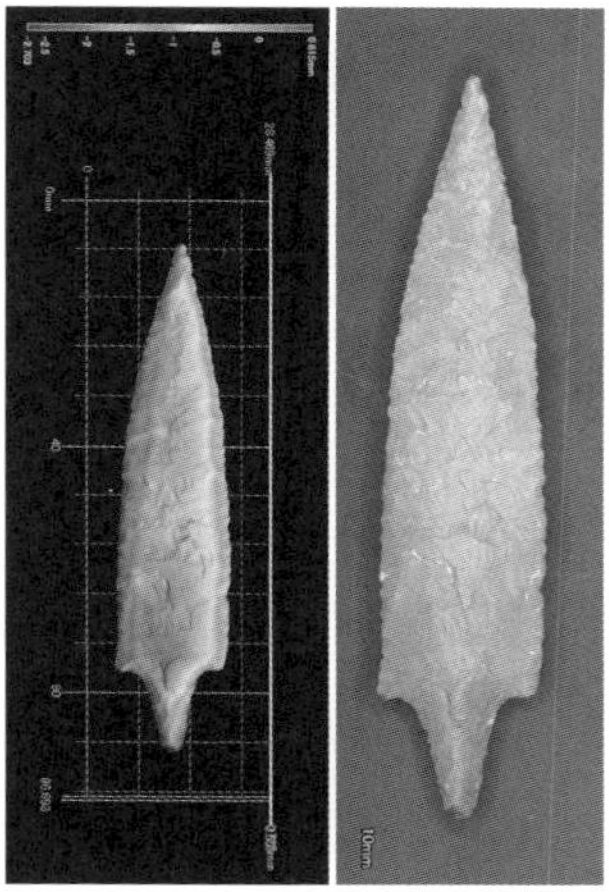

図4　津谷遺跡の3Dスキャン画像

て、３Ｄデータの取得とその図化、画像処理や作画等のデジタル技術も教える必要があり、教育・学習の範囲は拡大し、実習課題も多様化しているのが現状です。

（５）科学的な分析技術

科学分析の技術は様々ですが、考古学に古くから導入されているものも多いです。筆者らが実施した発掘調査資料を対象に、放射性炭素年代測定や黒曜石の元素分析による産地推定が実施されましたが、いずれも数十年前から普及している技術です。先述の角二山遺跡の分析では、約一万八〇〇〇年前に北海道から本州への移民の存在が指摘されました（Kanomata et al. 2022）。すなわち、蛍光X線元素分析装置を用いた黒曜石の微量元素組成の結果は、それらが北海道東部の白滝赤石山産であることを示しています。そして、石器群に伴う炭化物（焚火で焼けた木片）を加速器質量分析計（AMS）で14C年代を測定すると、一万四五〇〇～一万四九一〇yrBPとなりました。これらの14C年代は最新の暦年較正プログラム（Oxcal v. 4.4）によって実年代に換算すると、時間幅があるものの約一万八〇〇〇年前となります。北海道産の黒曜石は、遺跡の第１地点に集中し、北海道に広く認められる技術「湧別技法」で石器が製作されていました。ここから数メートル離れて隣接する第２地点には、秋田県男鹿産の黒曜石製石器が集中します。14C年代も同時期ですが、石器の製作技術は本州に伝統的なものでした。すなわち、北海道から来た移民と、本州に元々住んでいた人々が、角二山遺跡で共存していた可能性が高いという結論になります。こうした移民と在地民の交流の様子を示す遺跡は希少であり、貴重な研究成果となりました。

さて、こうした科学分析を実施するには、対象となるサンプルの信頼性が重要になります。具体的には、どこからどのような状態で出土したかの把握が必要です。旧石器時代の地層には、上下からの土壌の撹乱が生じることも多く、他時期の試料のコンタミが生じることがあります。角二山遺跡でも後期旧石器時代の地層の中に、それを覆う肘折パミス（約一万三〇〇〇年前）が混じっているのが分かりました。そのため、炭化物にも肘折パミスの噴火・降灰の年代を示すものが多くありましたので、炭化物の出土した土壌をひとつひとつ確認し、出土情報を記録する必要がありました。こうした基礎的な確認の上に、様々な分析技術の成果があるため、発掘現場での厳正な確認と記録が依然として大事であることは変わりません。

さて、筆者は以前から、後期旧石器時代終末の北方からの移民集団が所有した石器の分析を行ってきました。この集団は、「北方系細石刃石器群」と呼ばれ、シベリアから沿海州、サハリン―北海道半島を経由して、本州島に辿り着いたと考えられています。当時、北海道は大陸と陸続きであり、狩猟対象となる動物相も大陸と同様であったと考えられます。一方、本州は津軽海峡によって隔てられていたため、大型動物や人が海峡を渡る時機は限られていました。さらに、本州にはマンモスは居らず、大型動物も少なかったと考えられることから、狩猟対象も異なっていたことが予想されます。筆者は、当時の北からの移民が本州に入った時に、自分たちの生業をどのように変化させたのかを知りたいと思っていました。つまり、本州の環境への適応行動を明らかにしたいと考えていたのです。特に、石器の使用対象や使用方法、使用度を比較することによって、具体的な変化が理解できると考えていました。そこで、ロシア極東の三遺跡、北海道の七遺跡、本州の五遺跡の石器使用痕分析を行い、比較しました(Kanomata 2016)。しかし、分析の結果は予想と異なり、石器の使用法は、それら三地域で大きな違いが無いことが明らかとなりました。つまり、北方からの移民がもった技術は、極東や北海道、本州の自然環境の違いに十分に対応できたため、石器の製作・使用行動を大きく変化させる必要がなかったと考えられます。さらに、本州に来た移民は彼らの技術を広く普及させ、旧来の在地性の石器製作技術を減少・消滅させました。また、「北方系細石刃石器群」の技術は、一〇〇〇年程続いたと考えられますが、その間に細石刃は小型化しています。こうした微細な変化が生じており、これが千年スケールの変化でした。すなわち、「北方系細石刃石器群」が元来持っていた適応能力の高さが確認されたわけです。

二. 考古学の未来―縄文の思想から現代社会を見直す試み―

(一) 新たな知見を得るための方法論

考古学は人類の誕生以来の長い時間幅を扱いますので、数千年、数万年先の未来を見通す鏡として、役立てることができるのではないかと考えています。東日本大震災以来、考古学分野で把握された過去の災害の歴史は、今後起きる災害についての間接的な情報をもたらしてくれると考えるようになりました。例えば、どの規模の地震がどのくらいの周期で発生してきたのか、そしてそれに対して人々はどのように対応をして復興を果たしてきたのか、という人々の営みを見直すことができます。つまり、自然科学的な知見のみに基づく単なる災害史でなく、人類史として見ることが災害を考える際に重要であることを、東日本大震災の経験から理解しました。

考古学は、過去を対象とする学問でありますが、未来を俯瞰するための思考法を提案できればと願っています。考古学の調査・探求で得られた遺跡や資料が守られ、未来に残されていくことが大切です。また、新たな技術と理論の導入によって、これまで知られていなかった新知見が得られることを期待しています。

近年、SDGs (Sustainable Development Goals) が叫ばれ、約一万年間続いた縄文時代という長期継続社会の見直しが進められています。縄文時代の食生活や技術を活かすことも一つの方向性ですが、本当は縄文時代の思考法を活かす方向性が最も意義があるのではないかと考えています。そこで、以下では縄文時代の思想について考え、未来に活かせるか否かの可能性について探ってみたいと思います。

(二) 縄文の思想を考える

(1) 縄文と現代の違いを乗り越える

縄文時代の思想を考えるには、幾つかの壁を乗り越える必要があります。すなわち、現代の我々には縄文時代以降に獲得した様々な思考・思想が備わっています。例えば、我々は完全な定住生活を営み、土地の個人所有の概念も定着しています。時期や地域にもよりますが、縄文時代の人々には、現在のような固定的な土地所有概念はなく、季節的移動や集落内での居住地の移動などが柔軟に行われていたと考えられます。先に述べた旧石器時代終末の「北方系細石刃石器群」の遊動的な狩猟採集民と、縄文時代の定住的な採集狩漁民では、価値観が全く異なります。現存する漂泊的バンドの観察から、定住以前の狩猟採集民社会を推察すれば、旧石器社会は単婚的家族(一部複婚を含む)が幾つか集まった集団であったと予想されます(柄谷二〇一四)。そのようなバンドの凝集性は共同寄託(平等な分配)や共食儀礼によって確保されますが、固定的ではありません。同様に家族の結合も固定的でないのが通常です。集団は二五~五〇名であり、食料の共同寄託が可能な程度以上には増加せず、共同での狩猟が可能である程度以下には減少しないとされます。乱婚や近親相姦は有りませんし、純粋贈与(平等分配)があり、互酬的交換がありません。それが、縄文時代のような定住段階が始まると、出自による組織化、互酬的関係、血縁の重視が開始されます。そのような関係性は、集落内の遺構配置に反映されていて、環状集落や馬蹄形集落の構造に端的に示されています。このように、旧石器時代と縄文時代でさえ、居住システムの差異に伴う人々の価値観の相違は大きかったのです。ましてや現代との違いの大きさは想像に難くありません。

縄文時代には、時間軸、季節認識、価値観、合理性、貨幣経済、科学技術などの点で現代とは異なった思考体系をもっていました。さらに、宗教や信仰の点でも異なるため、我々が縄文時代の思想に近づくには、長い年月にわたって培われた観念やシステム、概念を取り払う必要があります。それを実現することは困難ですが、縄文時代の思想に思いを巡らし、深く考えることが第一に必要です。

こうした試みは異文化理解のひとつですが、経験則的理解がそのギャップを埋めてくれる可能性を秘めており、多くの気づきをもたらしてくれます。筆者は、それをヒューリスティック・アプローチと呼び、新たな発想や思考法を生み出す手段であると考えています（鹿又二〇二一）。例えば、筆者は、縄文時代晩期の「馬淵川型岩偶」を実験的に製作したことがあります（鹿又二〇二〇）。製

図5　複製された岩偶（白線は原石の輪郭）

作には長時間を要するため、考古学の一般的な研究方法として採用されることは少ないです。しかし、白色の泥岩を削って、岩偶を実際の出土品と同様な形に仕上げていく過程で、幾つかの気づきがありました。当然、実証的な要素（作業時間、加工具と痕跡の対応関係、製作工程の妥当性など）を検討しましたが、それ以上に主観的な気づきが重要であると感じました。その作業時間や労力を考えると、馬淵川型岩偶の最大の特徴は、乳房の膨らみであることを痛感します。岩偶には胴の厚みと同程度の胸の膨らみが残されています。つまり、

胸の膨らみを残すために、石の厚みの大半を削る必要が生じます（図5）。実体験を通じて、このような胸の膨らみを残すという強い意図を感じることができます。そして、石器や砥石で白色の泥岩を削り、白色の粉末を出しつつ、立体像を作っていく行為・過程にこそ、岩偶製作の目的があるように感じられました。私自身は、休日に自宅で岩偶（胸が大きく膨らんだ女性像）を製作していたため、妻や娘の視線が気になりました。そして、当時の製作者の性別や、製作環境、その行為に対する社会的な理解などが気になりました。例えば、子供を妊娠した女性自身が作るのと、妊娠した妻をもつ男性が作るのでは、製作に込める祈りの意味合いが違ってくるのではないでしょうか。このような気づきが、その後の実験研究にも生かされますし、実証が困難な事象への理解を促してくれます。

（2）土偶の中身

岩偶と同じような形態をもつ資料として、土偶があります。従来は、土偶の形態や製作技術の研究が主流であり、外観から窺える特徴が把握されてきました。近年は、X線を用いた土偶内部を透過する研究が開始されています。本学の総合学術博物館が所有するマイクロX線CT（ScanXmate-D180RSS270）を用いて、宮城県石巻市の沼津貝塚から出土した土偶の内部構造が検討されました（佐藤二〇一九）。その分析結果の中に幾つか興味深い事例が確認されます。ある土偶では胸の部分に種実が埋まっているのが分かりました。その種実は、土偶の体の軸となる粘土の上にのせられ、その上を別の粘土が覆っています。種実は、土偶の焼成時に焼失したため、炭化して空洞化しています。また、別の一点には土偶のおなかに楕円形の小石が埋まっていることが分かりました。体の軸となる粘土の上に小石が置かれ、その上をおなかの膨らみとなる粘土が覆っています。最初の土偶では心臓の位置に種があり、次の例ではおなかの小石がまるで赤ちゃんの存在を示唆しているように思われます。このような例を見ると、土偶はその製作の過程が既に祈りの行為であったと推定できます。つまり、出来上がった人形を何かに利用するのではなく、土偶を作ること自体に意味があったと理解できます。このように考えると、岩偶も土偶も製作の過程が祈りの行為であり、利器のような道具の機能とは異なる製作意図があったと考えることができるのではないでしょうか。そもそもこのような推定が可能なのは、人体がエターナルオブジェクト (eternal object) であると認められるからです。つまり、身体構造やその機能は、ホモサピエンスである限り、常にほぼ同様であり、このような人体に関わる認識は文化や時代を超えてほぼ共通していたことを前提に考えることができるのです。

(3) 石棒について

前述のような土偶や岩偶の製作には、縄文時代の特に東北地方の思想を反映している可能性が高いです。こうした女性像信仰と対になるものが、縄文時代・東北地方の石棒信仰です。石棒は男性器を模した呪術具と言われますが、その用途は明らかではありません。先に述べた岩偶は主に女性像ですが、白色の泥岩を材料に作られています。それに対して、同じ石製品の石棒には、黒色の粘板岩等が利用されています。粘板岩は、板状に割れる性質があるため、棒形の製品を作るのが容易であるという利点はありますが、なぜ粘板岩が石棒に使われるのかを十分に説明しているとは言えません。おそらく女性像に白色、男性像に黒色の岩石を用いるのは、男女の色のイメージが反映しているように思われます。同様に、土偶は赤色顔料を用いて彩色されるため、赤色も女性の色であったと推定されます。赤は生命や血液を反映していると考えられますが、このような理解も血液をエターナルオブジェクトとして捉えることができるために可能なのです。

さて、縄文時代晩期の石棒は、最終的には被熱して分割された状態で発見されることが多いです。例えば、宮城県大崎市の北小松遺跡では、土坑墓群に隣接した石器集積遺構から石棒や石冠、独鈷石等の呪術具と、奇形石(棒状、有孔、子持ち水晶等)や赤鉄鉱などの自然石が集積された状態で発見されています。つまり、人の死に際して、あるいは人の死になぞらえて、石棒等はその役目を終えた際に破壊されたと考えられます。その破壊の過程では、火が用いられ、さらに人為的にハンマーで割られます。さらに、呪術具のひとつである独鈷石は、北小松遺跡において硬質物に対して斧のような方法で使われており、おそらく石棒を叩き割る行為があったのではないかと推定しています(鹿又二〇一四)。こうして、役目を終えた呪術具は、北小松遺跡のお墓の隣に集積されたと考えられます。注目すべきは、人工遺物だけでなく、自然遺物も同様に含まれる点であり、中には石棒のような形の自然石や、有孔自然石が含まれています。棒状石は男性、有孔石は女性、子持ち水晶は子供あるいは出産状態を意味した可能性があります。したがって、縄文時代には、自然石であっても人工品と同じ呪術的な役割を果たし得ると考えられていたのではないでしょうか。言い換えれば、それらの物品は、自然界と人間界を繋ぐ役割を果たしており、縄文の思想や祭式にとって重要だったと考えられます。

（4）石棒の起源と現在

石棒の起源に注目すると、縄文時代前期から現れるようです。宮城県石巻市の中沢遺跡や羽黒下遺跡では、多くの石棒が発見されました。同時に有孔石製品、有溝石製品も発見されており、男女を象徴する石製品が、この頃からセット関係であったと考えられます。これらの遺跡には土偶は少なく、男女の石製品が多産・安産を祈る役割を主に担っていたと考えられます。さらに、興味深い点は、これらの遺跡は牡鹿半島の先端部付近に立地しますが、遺跡の背後に人石山（標高三二三m）があり、その麓には道祖大明神（一八一四年建立とされる）があります。道祖神は古代の神の伝承の上に、中世に成立したと考えられていますが（石倉二〇一三）、なぜこの場所に建立されたのかは明らかではありません。縄文時代の信仰が現在まで断絶せずに残ったとは考えにくいので、おそらくは遺跡出土の石棒が偶然に発見されたことを発端に、この地に道祖大明神が建立されたのではないでしょうか。すなわち、石棒の発見が、山の神の存在を彷彿させたため、道祖大明神が建てられ、現在も多数の木棒を供えて、出産や男性の病に関わる祈願が続けられているのだと考えられます。

このような事例は、別の地域でも見られます。福島県金山町の歴史民俗資料館には、江戸時代中

図6　石上道祖神（左）と石祠の中の石棒（右）

期の旧五十島家の古民家が移設されていますが、室内には火伏の神として木棒が竈近くの天井から吊り下げられています。現在でも同様の風習は残っているようであり、町内の食堂を訪れると、部屋の一角に同様の木棒が置かれていました。こうした風習がいつから続いているのか気になり、町内の道祖神を訪ねてみました。石上道祖神は、明和三（一七六六）年の単身像と、安永三（一七七四）年の双身像が中心にあり、多数の自然石棒が供えられています。さらに、石祠の中に納められた石棒もあります（図6）。この石棒は、縄文時代のものである可能性があり、他にも自然石棒に紛れて縄文石棒の可能性のあるものも存在します。改めて遺跡地図を調べると、この場所は石神平遺跡に隣接します。同町には同じ名前の石神平遺跡がもう一カ所あり、発掘が行われています（周東他一九九六）。こちらの石神平遺跡は縄文中期から後期にかけての遺跡ですが、発掘品には石祠に入ったものと同型の石棒がみられます。こうした状況から、道祖神がこの場所に設置された理由は、縄文時代の石棒の発見にあるのではないかと推測できます。このように、縄文遺物の存在が、現在の私たちの思想に影響していることもあるのでしょう。

（5）石棒祭祀の実際

石棒が縄文祭祀の中で実際に利用された状況を遺跡発掘コンテキストの中に稀に見ることができます。福島県南相馬市の熊平B遺跡では、火災住居から丸石と石棒が焼けた状態で出土しています（佐々木ほか二〇〇六）。ここでは、炉跡と石棒、丸石が直線状に並んでいます。石棒と丸石は赤変し、焼けはじけが見られます。性的二元論で言えば、丸石は稚児を示すと言われ（中沢二〇〇五）、石棒が男性、炉跡が女性を象徴するものであれば、出産を模擬した儀礼と評価できます。この住居跡は、河川沿いに一棟だけ建った施設であり、床面には石囲炉を囲んで敷石があります。そして、河川側に開口する入口を持っていたと考えられます。縄文時代の事例はしばしばアイヌ文化と比較されますが、アイヌでは住居も血の通う生物であり、女性の胎内と考えられていました（中沢前掲）。屋内は「チセ・ウプソル」（家の膣内）と呼ばれ、一家の女性戸主が亡くなった時、その家も焼いて送られました。アイヌは、火の神は全ての神々と人間との対話を媒介する重要な仲介者と考えました。こうしたアイヌの事例と直接的な関係は不明ですが、縄文時代にも同様の火の祭式が行われていた可能性が高いのではないでしょうか。

東北地方には縄文時代中期末に、熊平B遺跡と類似した遺構が多く見られます。いずれも河川に最も近い場所に立地し、一棟だけが孤立して建てられています(鹿又二〇〇九)。そして、自然石を樹立させ、環状に巡らせることも多いです。さらに、火災住居の様相を呈するものが多く、共通した考古学的コンテキストを持っています。したがって、景観、施設、道具と状態、火の使用などの共通性から、当該期の祭りであったと評価することができます。そして、その後に発達する環状列石の祖型と考えることもできることから、縄文後期・晩期に続く祭式の始まりと見做すことが可能です。

(三) 縄文思想の枠組み

縄文文化を他の文化と区別する最大の要素は、「縄文」です。一万年間以上続いた縄文時代ですが、その間ずっと土器の表面には「縄文」が施されています。なぜ、土器の表面に縄文を施すのかについては、諸説あります。ひとつは、それ以前にあった編籠や樹皮籠のイメージを具現化したという説です(小林一九九九)。機能的には、縄文が滑り止めであったという推測は古くからありました(藤森一九六九)。縄文土器の機能について総括した後藤和民(一九九八)によれば、縄文施文の役割は、①成形後の器面を引き締めるため、②器面の表面積を拡大して、乾燥を早め、焼成時や煮沸時における熱吸収をよくするため、③土器を持ち運ぶ際の滑り止めのため、という三点を挙げたうえで、このような実用性をはるかに超えた作為的意匠があることは否めないと述べています。そして小林達雄も、土器は用途一辺倒でなく、縄文人の世界観(イデオロギー)が表現されたキャンバスであると言い(小林一九九九)、岡本太郎も縄文土器の文様は強烈に宗教的・呪術的意味が込められていると述べています(岡本二〇〇五)。筆者自身は、土器づくりに際して、縄文を施すという行為が一種の宗教的行為であり、祈りの儀式であったと考えています。既に述べた土偶や岩偶の製作と同様に、物を作る際には何らかの祈りが込められていて、ものを作り出すという行為自体に宗教的な意味が付与されていたのではないかと想像しています。縄文時代の思想は、このように様々な製作物に一貫して認められており、強い宗教性を与えられていたのではないでしょうか。そうした強力な思想の枠組みの存在が、縄文社会を長く存続させる役割を果たしていたのではないかと推定しています。

それでは最後に、縄文時代の思想の枠組みについて、改めて考えたいと思います。上述したことも含めて、東北地方の縄文時代後半の思想の枠組みは、図7のようにまとめることができます。まず、縄文思想の二面性で考えると、男と女、外と内、昼と夜、陽と陰、天と地に対応した関係があり、男側には外・昼・陽・天、女側には内・夜・陰・地という観念が伴います。性別と色にも関係があり、男の色は黒・緑・青、女の色は白・赤です。重要なのは両者の境界を越えた結合・交わりであり、集団的な結合であれば、それが祭りになります。

縄文の祭りには一般には火が用いられます。縄文社会では、このような表裏一体の関係を越えて流動・循環することが重要であったと考えられます。環状列石はその中心と日時計状石組の位置的関係も踏まえて、夏至の日没方向との関係が指摘されていますが、それは季節や昼夜の境界・接点

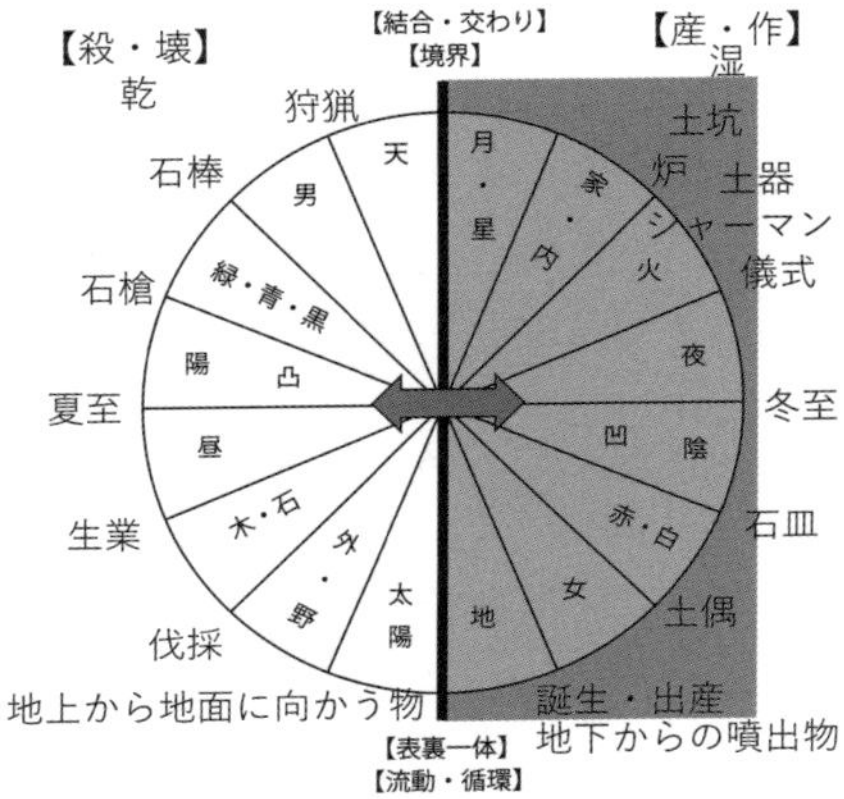

図7　縄文時代後半の思想の概念図

の重要性を示しています。祭りはそうした時間的観念をも考慮して実施されていたと思われます。こうした枠組みの妥当性については、個別的な事例の検討を経て、改めて確認していく必要があります。先に述べた熊平B遺跡の事例も、こうした枠組みを念頭に推測すると、住居で区画された外と内の世界を、火を媒介にする（住居を燃やす）ことで、境界を無くし、男女の世界を繋ぐことが試みられたと考えられるのではないでしょうか。そこでは、男性象徴の石棒が焼かれ、その姿を変質させることによって、女性象徴の炉跡と結びついて、丸石（稚児）の誕生をもたらします。住居は東側に開口するため、夜に祭りが行われれば、朝日が昇ると共に住居内の炉跡や石棒に光が差し込みますので、その場所は生命の誕生を促す舞台装置として機能していたと想像できます。

　このような縄文時代の思想は、現代社会のそれとは全く異なります。その思想を理解しようとするならば、上記のように考古学資料を検討する以外に、縄文時代と類似した生活をする人々、例えばシベリアの定住型の狩猟民に目を向ける必要があります。筆者はそれについて別稿で述べましたが（鹿又二〇二三）、彼らは一つの生命には二種の魂、複数の魂があると考えています。この生命に含まれるのは人間だけでなく、多くの生物や非生物です。したがって、魂は人同士や他の生物、時には自然物や精霊との間を行き来することが可能です。そして、人間が最も賢いとは考えておらず、より賢明で力の強い動物や精霊の存在を信じています。また、一神教のような絶対的な神がいるのではなく、人間に対して良いこともすれば悪いこともする自然・超自然・精霊の存在を知っています。したがって、それらを畏怖し、大切に敬い、謙虚な気持ちをもって生きています。もし大災害があっても、それは神のせいでもなければ、人のせいでもありません。自然本来の姿なのです。そして、昨今主張されるような、SDGsを進めるのであれば、工学や理学のような技術的な進歩によるだけではなく、こうした縄文の思想を見直してみることにこそ、ヒントがあるのではないでしょうか。現代社会は全てを具現化する方向に時間や労力が費やされ、ヒト本来の想像力を奪っているように感じられます。そもそも「想像力」はホモサピエンスが生き延びてきた源泉であったことを忘れてはなりません。今こそ、歴史と文化の深淵を考え、想いをはせる行為に意味があるように思います。想像力豊かに未来像を描き、世界の捉え方を見直すことが、社会の思想的・思考的な転換に繋がれば、自然と共存する持続的社会が実現するのかもしれません。

謝辞

本論の図2の作成で佐野勝宏氏のご協力、図3の作成では二〇一九・二〇二〇年度ヨッタインフォマティクス研究センター研究助成によって藤澤敦氏、鹿納晴尚氏、石橋宏氏、岩本崇氏、大谷晃二氏、吉松優希氏のご協力のもと作成した。記して謝意を表したい。

【引用文献】

石倉忠彦　二〇一三『道祖神と性器形態神』岩田書院
柄谷行人　二〇一四『遊動論　柳田国男と山人』文春新書953
岡本太郎　二〇〇五『日本の伝統』知恵の森文庫
鹿又喜隆　二〇〇九「縄文時代中期末から後期初頭の配石・立石を伴う住居跡に関する生態学的理解」『文化』73—1・2　九〇—一〇九頁
鹿又喜隆　二〇一四「第2分冊 第9章 北小松遺跡出土石器の機能と色」『北小松遺跡—田尻西部地区ほ場整備事業に係る平成21年度発掘調査報告書—』一一一—一三〇頁
鹿又喜隆　二〇二〇「東北・北海道地域の石製人形について」『考古学ジャーナル』744　七—一一頁
鹿又喜隆　二〇二一「先史時代の空間認識—ヒューリスティック・アプローチを通して—」『空間史叢書』4　七九—一〇二頁
鹿又喜隆　二〇二三「比較文化に基づく縄文土偶の特徴—魂の所在と儀礼—」『日本理論心理学会第69回大会発表予

稿集』三〇―三一頁
小林達雄　一九九九『縄文人の文化力』新書館
後藤和民　一九九八「2　縄文時代の造形」『考古学による日本歴史12　芸術・学芸とあそび』一九―三七頁
佐々木慎一ほか　二〇〇六『常磐自動車道遺跡調査報告43　四ツ栗遺跡・熊平B遺跡・荻原遺跡』福島県文化財調査報告書第433集
佐藤信輔　二〇一九「X線CTを用いた内部構造の分析に基づく土偶製作技術の研究」『Bulletin of the Tohoku University Museum』18　三一―六三頁
周東一也ほか　一九九六『石神平遺跡』（金山町史別巻）金山町教育委員会
日本旧石器学会　二〇一〇『日本列島の旧石器時代遺跡データベース』
中沢新一　二〇〇五『アースダイバー』講談社
藤森栄一　一九六九『縄文式土器』中央公論美術出版
Kanomata Y. 2016 A Study on Settlement and Subsistence Strategies of Microblade Industries in Northern Japan. *Program and Abstracts of the 8th Meeting of the Asian Palaeolithic Association*. p.45
Kanomata Y. et al. 2022 Obsidian Transportation Across the Tsugaru Strait in the Context of the Late Pleistocene. *Quantifying Stone Age Mobility*. Springer
文化庁文化財部記念物課 2022「埋蔵文化財関係統計資料 ―令和3年度―」pp.1-37 (https://www.bunka.go.jp/seisaku/bunkazai/shokai/pdf/93717701_01.pdf)
全国遺跡報告総覧：https://sitereports.nabunken.go.jp/ja
日本列島の旧石器時代遺跡：http://palaeolithic.jp/data/index.htm
放射性炭素年代測定データベース：https://www.rekihaku.ac.jp/up-cgi/login.pl?p=param/esrd/db_param

熊本県古墳３次元データ集：３熊本県_横穴式石室横穴墓_３次元データ集 - A 3D model collection by nonaka (@nonakasabu) - Sketchfab

北海道デジタルミュージアム：https://hokkaido-digital-museum.jp/content/gurutto/（二〇二三年一二月二三日）

東北大学文化財収蔵庫：https://115anniv.tohoku.ac.jp/campus/pano0116/（二〇二三年一二月二三日）

日本ジオパークネットワーク：https://geopark.jp/（二〇二三年一二月二三日）

執筆者紹介

佐　倉　由　泰（さくら・よしやす）
東北大学大学院文学研究科／日本文学
高　橋　章　則（たかはし・あきのり）
東北大学大学院文学研究科（名誉教授）／文芸社会史
戸　島　貴代志（としま・きよし）
東北大学大学院文学研究科（名誉教授）／倫理学
鹿　又　喜　隆（かのまた・よしたか）
東北大学大学院文学研究科／考古学

人文社会科学講演シリーズXIV
学問　―過去から未来へ―
Scholarship：
Opening up future possibilities
Lecture Series in Humanities and Social Sciences XIV

2024年11月26日　初版第1刷発行

編　者　東北大学大学院文学研究科
講演・出版企画委員会
発行者　関内 隆
発行所　東北大学出版会
〒980-8577　仙台市青葉区片平2-1-1
TEL：022-214-2777　FAX：022-214-2778
https://www.tups.jp　E-mail：info@tups.jp
印　刷　社会福祉法人　共生福祉会
萩の郷福祉工場
〒982-0804　仙台市太白区鈎取御堂平38
TEL：022-244-0117　FAX：022-244-7104

ISBN978-4-86163-401-7　C1020
定価はカバーに表示してあります。
乱丁、落丁はおとりかえします。

読者の皆様へ

大学の最も重要な責務が教育と研究にあることは言うまでもありません。しかし、その研究から得られた成果を広く一般に公開し、共有の知的財産とすることも、それに劣らず重要なことのように思われます。このような観点から、東北大学大学院文学研究科では、従来よりさまざまな講演会を開催し、教員の日々の研究の中から得られた新たな知見を中心として、一般の方々に興味を抱いていただけるような種々の研究成果を広く公開して参りました。幸いなことに、私どものこのような姿勢は、多くの方々に支持を得てきたところです。この度創刊する人文社会科学講演シリーズは、本研究科による研究成果の社会的還元事業の一環として企画されたものです。本シリーズを通して、講演を聴講された方々はあの時あの場の感動を追体験していただけるでしょうし、聴講の機会を得られなかった方々には、新たな知見や興味ある研究成果に触れていただけるものと思います。本シリーズが、そのような役割を果たすことができたならば、私どもの喜びこれに過ぐるものはありません。読者の皆様のご支援を心よりお願い申し上げます。

2006年3月　東北大学大学院文学研究科出版企画委員会